La philosophie est une réflexion pour qui toute matière étrangère est bonne, et nous dirions volontiers pour qui toute bonne matière doit être étrangère.

Georges Canguilhem

du même auteur

Juger l'art ?, Paris, Publications de la Sorbonne, 2009.
Miss. Tic, femme de l'être, Paris-Bruxelles, Les Impressions Nouvelles, 2008, réimpression, 2009.
Réflexions de l'art, Paris, Kimé, 2008.
Images et esthétique, Paris, Publications de la Sorbonne, 2007.

Kitsch dans l'âme

CHRISTOPHE GENIN

Kitsch dans l'âme

VRIN
Matière Étrangère

Directeur de collection :
Bruce Bégout

© Librairie Philosophique J. VRIN, 2010

ISBN 978-2-7116-2225-2

Si le kitsch fut initialement l'objet d'un jugement péjoratif, il est peu à peu devenu un style artistique apprécié, assumé. Comment comprendre un tel renversement de sa valeur et de son statut? Pour répondre à cette question nous reprendrons des éléments historiques, sociaux, notamment l'apport de la bourgeoisie au XIXᵉ siècle, et nous postulerons la nécessité d'une théorie des valeurs rapportée à l'étude des relations entre image de soi et identité. Nous supposerons également que dévaluation et appréciation du kitsch relèvent d'une *réversibilité* inhérente à ce type de productions et de conduite. Divers exemples nous amèneront à osciller entre bonheur et tragédie.

Splendide Tour Eiffel à paillettes bleues, de 20 cm de haut;
belle Vierge Marie pleine d'eau bénite, à 15 euros le flacon;
exceptionnel White Terrier de 12 m de haut en petites fleurs
multicolores; élégante Vénus de Botticelli en résine et en
promotion à saisir; surprenantes fleurs artificielles sur fond de
cascades reconstituées; éclatante robe de bal en rayonne verte
agrémentée de nœuds et de rubans rose fuchsia; solennels
enterrements enguirlandés et larmoyants à souhait; impres-
sionnantes parades militaires empanachées et tonitruantes – le
kitsch est partout, en tout. Il décore, il orne, il enrubanne, le
tout dans une bonne conscience de soi. Il ajoute du mignon, du
mignard, de la fanfreluche, comme si la vie était plus légère
à porter avec cette parure insistante. Il est ainsi plus qu'une
esthétique : il est une éthique, voire une politique. Il diffuse
son mauvais goût apparent dans tous les aspects de notre
existence par son sentimentalisme facile et son imagerie
stéréotypée. De la pacotille comme art de vivre. Il ravale tout
effort de sincérité au rang de camelote vite échangée. Le kitsch
commence par un coup d'éclat, mais finit comme un
dégonflement.

Le mot d'ailleurs le dit, ou devrait le dire. *Kitschen*, en
allemand, signifierait ramasser des déchets dans la rue, reven-
dre de vieilles choses après rénovation; ou encore gribouiller
(*schmieren*). Mais d'où vient ce terme, cette monosyllabe,
quasiment une onomatopée? Est-ce même un mot allemand?
Nul ne le sait très bien. Chacun y va de sa conjecture. Les plus

grands savants se sont essayés à résoudre cette énigme des origines. Les langues européennes rivalisent pour être la vraie source du kitsch.

Certains proposent une origine allemande et expliquent le mot à l'aide du verbe *verkitschen*, ce qui signifie « rendre bon marché » dans le patois mecklenbourgeois. Mais le kitsch vient-il du Mecklenbourg ou de la Bavière, du Nord-est de l'Allemagne ou du Sud-ouest? Dans les cercles artistiques munichois, vers 1875, le kitsch aurait désigné une image de piètre qualité, bon marché, un cliché surchargé sans âme, un produit culturel aux sentiments triviaux[1]. Selon le musicologue Rolf Basten[2], le mot apparaît sous la plume du critique d'art Max Bernstein qui dans une épigramme ironisait, en 1878, sur l'art pompier du peintre Franz Adam représentant des *Insurgés bosniaques à cheval*, en jouant sur les assonances en « itsch » pour se moquer des fréquentes consonances chuintées en langue bosniaque, agglutinant « Bosnich » (bosniaque) à « Kitsch »[3].

Ludwig Giesz[4] émet l'hypothèse d'une origine dans le verbe *kitschen*, dont le sens serait ramasser les ordures dans la rue.

---

1. *Cf.* A. Nünning, *Grundbegriffe der Kulturtheorie und Kulturwissenchaften*, Stuttgart, Metzler, 2005, article de Laurenz Volkmann, p. 86-87.

2. http : //www.rolf-basten.de/index.html

3. « *Bosnisch Getümmel! Bosnische Schimmel!* /Mêlée bosniaque! Chevaux blancs bosniaques!
Bosnische Männer auf "itsch" und "ritsch"! /Hommes bosniaques sur "itsch" et "ritsch"
Bosnische Berge! Bosnischer Himmel! /Montagnes bosniaques! Ciel bosniaque!
Alles echt bosnischer "Kitsch"! » /Rien que du "Kitsch" bosniaque typique!
Pour restituer la satire du texte il faudrait prononcer « bochniaque ». Les Bosniaques s'insurgèrent en 1875 contre les Turcs; puis en 1878, le Traité de Berlin plaça la Bosnie-Herzégovine sous administration autrichienne, amoindrissant ainsi l'empire ottoman.

4. *Phänomenologie des Kitsches : ein Betrag zur anthropologischen Aesthetik*, Heidelberg, Rothe Verlag, 1960.

Le grand penseur du kitsch, Abraham Moles, propose les mêmes origines, mais avance d'autres explications. Selon lui, le verbe allemand *kitschen* signifie plutôt « bâcler », et en particulier « faire de nouveaux meubles avec des vieux ». Quant à *verkitschen*, dit Moles[1], c'est familièrement « refiler en sous-main », « vendre quelque chose à la place de ce qui avait été exactement demandé ». Et histoire de faire une étymologie kitsch du Kitsch, il le fait venir du yiddish — cet allemand de seconde main —, tout comme William Styron ou Kenneth G. Wilson. Ceci expliquerait peut-être pourquoi un verbe faible (*kitschen*) a pu entraîner un substantif (*der Kitsch*), même si le yiddish américain moderne parle plutôt de *Schlock* pour désigner une marchandise bon marché et défectueuse ou un travail mal fait qui se donne des apparences de qualité.

D'autres, comme Matei Calinescu[2], en font une dérivation de l'anglais *sketch*, mal prononcé en *Skizze* par des artistes à Munich, la ville où le terme serait entré en usage à la fin du xixe siècle. Il s'appliquerait aux souvenirs bon marché, achetés surtout par les touristes américains. D'autres encore l'attribuent au français « chic », au sens où l'entendaient les rapins : une manière fausse et conventionnelle. Les Allemands auraient inversé ce « chic » en « kitsch ». Auraient-ils le gosier tordu ? Sans oublier le russe, *keetcheetsya* signifiant être hautain et bouffi d'orgueil.

Cette étymologie confuse et proliférante est à l'image même du kitsch, et rend la lettre conforme à son esprit. Art du faux, on

---

1. A. Moles, *Psychologie des Kitsches*, Carl Hanser Verlag, 1971 ; *Le Kitsch : l'art du bonheur*, Paris, Mame, 1971.
2. Calinescu, Matei. « Modernity an Popular Culture : Kistsch as Aesthetic Deception », in Riesz, János, *et al.* (eds.), *Festschrift für Henry Remak. Sensus Communis* …, Tübingen, Gunter Narr Vg., 1986, p. 221-224.

doute de ses origines, on perd la trace de sa provenance qui erre en Europe pour ne garder que l'éclat du résultat. Restons-en à l'hypothèse allemande, puisque les faits semblent lier ce terme à l'histoire de la civilisation germanique. *Verkitschen* c'est brader, vendre en dessous du prix pour faire entrer de l'argent (*billig verkaufen um das Geld zu kommen*). Le kitsch est ainsi une braderie de vieilleries à peine rafraîchies, d'objets recyclés, de mauvais goût, de mauvais genre. C'est donc d'abord une affaire d'argent : la matière première ne vaut rien, mais le produit fini doit être lucratif pour le vendeur, et flatteur pour l'acheteur qui doit en avoir pour son argent, heureux que ses objets parlent en sa faveur. L'objet kitsch doit faire bonne impression pour le contentement de tous. Il est tape-à-l'œil[1] sans l'ombre d'un doute, car le scepticisme le réduit à néant.

Il nous dit d'emblée ce qu'il est : une marchandise déclassée. Ou plus exactement un objet surclassé, surévalué. À la notion d'*œuvre*, toute aristocratique, littéralement inestimable, celle dont la dignité spirituelle est hors de prix puisque aucun chiffre ne peut égaler sa qualité absolue (c'est pourquoi les grandes œuvres d'art donnent lieu à des enchères indéfinies), à la notion d'œuvre donc se substitue celle *d'objet*. L'œuvre renvoie à l'homme qui la crée, à l'originalité d'un talent ou d'un génie ; elle est l'effort d'une existence ; elle porte la marque d'un esprit et fait sens. L'objet renvoie à un mode de production et de distribution ; il porte une marque de fabrique ; il se consomme, et en ce sens est périssable. Produit et vécu dans l'insouciance, l'objet kitsch n'aspire pas à la pérenne solennité de l'œuvre. Il n'est pourtant pas une marchandise déclassée pour défaut

1. H. Broch, « Remarques à propos de l'art tape-à-l'œil » [1951], dans *Création littéraire et connaissance*, Paris, Gallimard, 1966.

ou pour quota atteint, mais une chose réhabilitée. Certes il n'est pas à sa place, il fait tache dans un concert d'œuvres respectables, mais il répond à un projet d'ascension sociale, au passage de la classe inférieure à une classe supérieure. Il porte sur lui les reflets et les sonorités cuivrés de l'homme surclassé. Catégorie d'objets, type d'hommes, le kitsch n'est pas qu'un prédicat esthétique, il est une dimension de l'existence.

Mais pourquoi donc préférer un objet surclassé à une œuvre ? C'est une question d'argent ! À quoi bon payer une œuvre les yeux de la tête quand sa copie fait le même effet, à moindre coût, quand un produit de récupération permet tout autant de poser son homme ? La recherche de reconnaissance sociale, avant d'être un point d'honneur ou une marque de distinction, est une affaire d'intérêt bien pesé. Et le kitsch apparaît comme un *optimum* : le meilleur rapport qualité/prix entre une dépense et une gratification sociale. Si la considération dépend de signes extérieurs qui font bonne impression, alors le kitsch offre une ostentation à bas prix. Une sorte de triomphe du principe de parcimonie. Pourquoi s'acheter un vrai collier de perles grises de Tahiti, quand un bijou fantaisie fait le même effet pour trois fois rien ? Pourquoi perdre son temps dans les salles des ventes quand on peut s'offrir, moyennant un copiste de qualité, un faux Van Gogh pour de vrai et pour un budget très raisonnable ? Le kitsch manifeste donc une *crise de l'authenticité*, moins par la production de copies ou de contrefaçons, que par la dévaluation même du besoin d'authenticité.

Quelle est la condition de l'authenticité ? Avant tout la référence à une origine. Celle-ci doit être assurée et attestée, et non douteuse ou frauduleuse. Elle doit être honorable et gratifiante, et non infamante. Elle doit marquer une différence de nature, avoir une valeur de distinction qualitative, voire ontologique, selon un modèle aristocratique. Par là même elle mérite d'être revendiquée et d'être transmise. L'authenticité se situe dans le temps long, dans la mémoire. La tradition est sa dimension. Mais où et comment la lire, la repérer ? À quoi arrêter cette remontée à la source sans aucun doute ? Toute origine déclarée sourd elle-même d'un fonds plus ancien encore. L'authenticité vit ainsi dans le souci de sa perpétuelle réaffirmation, et corrélativement dans l'inquiétude d'une dévaluation, d'une dénaturation. Mais, si tant est qu'elle est une nature, elle n'est détectable que par des critères d'identification qui ne sont *in fine* que des signes de reconnaissance. Elle est ainsi validée, non par la parousie d'une substance, mais par un agrégat d'attributs, voire un conglomérat d'accessoires, ou pire encore par un simple processus de reconnaissance sociale. Le kitsch a compris la fonction identificatrice du prédicat. Il postule qu'il n'y a pas de substance en soi, mais seulement une heureuse combinaison d'accessoires. D'où son insouciance et son sens de la circonstance propice.

En effet, si le besoin d'authenticité est une marque sociale d'appartenance à telle ou telle catégorie, alors il suffit d'en avoir les symptômes pour être admis dans la bonne société. Le kitsch fonctionne donc comme un *ersatz* : un substitut qui remplit la même fonction sans avoir les mêmes propriétés que l'original devenu obsolète, périmé, superflu.

Le bel effet à moindre coût. En cela le kitsch semble être pris en tenaille entre une valeur esthétique, le « bel effet », et une valeur économique, le meilleur prix. Il n'est pas en lui-même une valeur esthétique, comme peuvent l'être le beau ou le sublime. Il le devient. D'abord par un effet de propagation : la beauté de l'œuvre initiale, par son aura, se retrouve dans son *ersatz*, même si c'est à l'état de ruine (voire de fausse ruine...).

Puis par un effet de reconnaissance : le *simili* est apprécié tel quel par une personne dont le goût limité se contente et se satisfait d'un produit de second ordre, fait à la manière de –. Pour ce genre de goût le *revival* vaut largement l'original. Enfin, par un effet d'ostentation : l'objet kitsch est exposé et assumé comme tel. Puisque « c'est tout comme » – c'est tout comme entre l'original et son double –, le bel effet est digne d'être montré. Dès lors la pacotille change de statut : de toc elle devient chic, de bibelot chiné elle devient œuvre, de sous-produit elle devient art.

Comment peut donc s'opérer une telle conversion ? S'agit-il d'une relativité des valeurs selon les milieux sociaux, la petite et moyenne bourgeoisie, devenant la plus nombreuse et la plus pugnace, imposant son goût, contre une aristocratie devenue rare et impuissante ? Nous voyons plutôt une conversion du statut de l'objet. Toute chose se conçoit dorénavant à l'aune de l'industrie. Même l'art est compris, comme l'ont vu Broch et Adorno, dans une industrie de la culture, voire une *industrie du divertissement*, l'art devenant une marchandise : un produit dit culturel. Dans des sociétés dites post-industrielles, sociétés dans lesquelles les industries lourdes disparaissent peu à peu, une industrie des services capte peu à peu toutes sortes d'activités humaines. L'industrie du tourisme requiert une industrie de la culture (pilotée par une ingénierie culturelle et un management de la culture), la culture étant elle-même interprétée en termes de loisirs, déterminant du coup l'art – le fleuron de la culture – à être une activité ludique, accessible au plus grand nombre. De même qu'il y a de la musique de variété, il y a de l'art de variété. Dalida est une Callas kitsch : c'est la diva de la foule, l'icône du disco gay, le scintillement des paillettes, le pathétique en quadrichromie sur papier glacé, même si jamais un seul de ses trémolos n'a suggéré le mystère du monde. Selon cette équivalence industrielle, les justaucorps pailletés de Britney Spears valent largement la haute-contre de Gérard Lesne. Mais une équivalence n'est pas une égalité : la première suppose une homologie entre deux ordres distincts, la seconde réfère à une commune mesure.

S'agit-il d'une relativité historique qui fait que le mauvais goût d'hier devient le bon goût de demain ? On pourrait le croire si tant est que bon goût et mauvais goût peuvent intervertir leur attribut. Ainsi le décadent peut détecter une valeur cachée aux produits secondaires de l'artifice, et faire montre d'un « bon mauvais goût », au sens où l'entendait Jankélévitch : « celui qui se croit assez libéré pour jouer avec son contraire, et assez ironiquement complexe pour goûter le beau du laid »[1]. De même, symétriquement, existe un mauvais bon goût qui se contente du bienséant et du classique, qui se satisfait de suivre les sentiers battus ou les accords convenus. Il est de bon ton d'avoir des livres anciens dans sa bibliothèque, même si une incompétence en bibliophilie trahit un goût médiocre. Mais les relations ne sont pas si simples. D'abord, parce qu'en un sens le bon goût d'hier peut rester de bon goût. Le Parthénon, Versailles, le Bolchoï restent des valeurs sûres, comme dit le Guide Michelin. Ensuite parce que le mauvais goût d'hier demeure souvent de mauvais goût, comme le langage ordurier. Il convient de ne pas confondre un goût réputé mauvais parce que malséant et un goût méconnu parce qu'insolite. Schiele, Klimt, Kokoschka furent accusés d'être des peintres de mauvais goût alors que leur art n'était pas reconnu. Une prostituée peinte par

---

1. V. Jankélévitch, « La décadence », *Revue de métaphysique et de morale*, LV, n°4, oct-déc. 1950, p. 343.

Schiele peut choquer les bonnes mœurs d'une époque parce qu'il s'agit d'une femme de « mauvaise vie », mais l'infinie détresse qui se dessine dans son regard surpasse plastiquement et éthiquement toutes les Marie-Madeleine convenues pour un public bigot.

Nous postulons qu'il ne s'agit pas d'un simple renversement historique, mais d'une réversibilité inhérente à la *valeur* kitsch. Car si « kitsch » semble être initialement le prédicat d'un type d'objets ou d'un style commun à une classe d'objets, ce vocable présuppose un jugement de valeur, péjoratif au premier abord. Mais une telle critique qu'on pourrait dire esthético-éthique, au sens où elle qualifie un goût réputé mauvais, réfère elle-même, implicitement ou explicitement, à une théorie de l'âme. Le kitsch est *seelenlos*, dépourvu d'âme, disqualifiant ainsi l'objet comme l'homme qui s'en satisfait. Sa trivialité semble en dire long sur la personne qui s'y adonne. Dès lors le kitsch est pris dans un jeu de prédicats contraires dans son opposition au *grand*, ce genre qui sert d'axe fondateur à une théorie du beau.

Grand	Kitsch
Beau monde	Le vulgaire
Aristocratique	Bourgeois
Spirituel	Sans âme
Distingué	Trivial
Noble	Ignoble
Mondain	Populaire
Individu	Masses
Belle âme	Sentimentalisme
Sérieux	Ridicule

Original	Banal
Inventif	Cliché
Naturel	Artificiel
Artisanal	Industriel
Rustique	Urbain
Discret	Voyant
Léger	Chargé
Elégant	Lourd
Plaisant	Nauséeux
Ton sur ton	Bariolé
Coloré	Chromo
Tragique	Ridicule

Compris selon ce modèle binaire, le kitsch ne serait dans le fond qu'une variante moderne de l'opposition aristotélicienne entre le vénérable et le vil[1]. En effet, le Stagirite fustigeait déjà dans l'art le recours à la contorsion, au jeu hyperbolique, à la gesticulation simiesque pour flatter un public vulgaire[2]. Le kitsch ne serait donc que la singerie de notre époque, qu'elle nous fasse rire ou pleurer. Faut-il donc critiquer une telle dualité et suspecter la valeur péjorative du kitsch de n'être qu'une incompréhension d'une histoire du goût? Comment interpréter une telle inversion de la valeur kitsch?

En fait la question dépasse ici celle du critère du jugement de valeur, de son bien-fondé rationnel ou de sa relativité socio-culturelle. Notre problème n'est pas de savoir si le kitsch est à tort ou à raison une figure de la dévaluation. Chacun peut

1. Aristote, *Poétique*, 1448 b24-27, trad. par J. Hardy, Paris, Les Belles Lettres, 1919, p. 34.
2. Aristote, *Poétique*, 14461 b26-35.

constater que si la fin du XIXᵉ siècle et la première moitié du XXᵉ siècle y voyaient la marque d'une décadence, la second moitié du XXᵉ siècle, en revanche, en a fait un motif de satisfaction ou de critique sociale. L'enjeu est bien plutôt de comprendre comment une telle réversibilité du négatif en positif est possible. Nous supposerons qu'un tel renversement de la valeur kitsch n'est pas dû à des causes externes (comme, par exemple, le besoin de développer un marché international de la pacotille) ni à une évolution du goût, mais à un processus inhérent au kitsch même. Pour cela nous aimerions montrer que, par-delà une catégorie esthétique, un genre, un style, un jugement de valeur, le kitsch est une dimension de l'âme. Est-ce dire qu'il est un universel transhistorique ? Sa récente apparition dans l'histoire des qualificatifs et des objets nous inclinerait à penser le contraire. Ce serait plutôt une rémanence des *poikila*, ces choses moirées, chamarrées, bigarrées dont la variété était appréciée comme une marque de subtilité et dont la variabilité était dépréciée comme une preuve de ruse[1]. Tout comme ce qui est *poikilos*, le chatoiement du kitsch le sert et lui nuit. Car s'il flatte les sens il est aussitôt accusé de flatter l'esprit, et l'on soupçonne donc ce qui est trop beau de ne pas être vrai. Mais inversement, par l'agrément procuré malgré tout, on disculpe l'artificiel d'être artificieux. Par-delà le fait d'être le symptôme d'une classe sociale le kitsch ne serait-il pas une figure de l'ambiguïté ? Comme l'ambiguïté est elle-même ambiguë, elle séduit autant qu'elle inquiète.

---

1. *Cf.* Platon, *République*, 365c, trad. fr. L. Robin, Paris, Gallimard, 1950.

des origines douteuses : le kitsch est-il allemand ?

Kitsch, *kitschen*, *verkitschen*, *Kiste*, *kittchen*, *klatschen*, *Klitsche*, *Skizze*, voilà que la langue allemande sonne de toutes parts comme éminemment propice au kitsch et à ses variations reconnues ou supposées ! Serait-il donc propre au génie germanique ? La question peut paraître saugrenue, pourtant on parle bien d'humour anglais, d'esprit français, de logique grecque, d'âme slave... Ramener un phénomène social, culturel, artistique à une nationalité, à un pays ou une langue est toujours quelque peu suspect de réductionnisme, qu'il soit dû à un chauvinisme ou inversement à une forme de xénophobie. Comme le kitsch parle allemand d'aucuns sont déjà prêts à brocarder une lourdeur teutonne trop bien connue.

Le kitsch serait un terme d'origine bavaroise, et cette germanité supposée du kitsch semble en partie imputable à l'image des architectures pâtisseries de Louis II de Bavière, copies délirantes des châteaux de Louis XIV, ou des chopes de bière munichoises aux décors aussi enflés que la mousse qui y repose.

Arrêtons-nous sur l'exemple d'un château de Louis II, ce qui nous permettra de cerner une propriété du kitsch, l'amplification pouvant aller jusqu'à l'enflure. Pour cela comparons Versailles et Heerenchiemsee.

Le palais de Versailles est sublime avec ses ors resplendissants, ses reflets démultipliés à l'infini, sa maîtrise d'une nature ingrate, métamorphosant des marécages en jardin merveilleux. Ce palais est l'accomplissement de la raison, comme maîtresse de la nature, par une belle œuvre d'art total, le théâtre de la souveraineté de l'homme sur la nature et d'un homme sur les autres hommes. Ce château fut la demeure permanente d'un maître et de sa société. Une magnificence, source d'un étonnement renouvelé, exprime une puissance dont on soupçonne qu'elle peut être terrible pour arriver à cette profusion. Le symbole en est bien le soleil qui éclaire autant qu'il brûle, qui donne de la chaleur sans faiblir autant qu'il peut ravager en asséchant. Louis XIV peut donc se nommer Louis le Grand, à l'instar d'Alexandre, la grandeur étant une ambition politique comme une catégorie esthétique mises en scène dans un genre artistique pour célébrer une domination.

Tout autres sont le palais de Herrenchiemsee et sa signification. Sa construction, ordonnée par Louis II de Bavière, s'étala sur dix ans, de 1868 à 1878. Georg Dollmann traça les plans et fut chargé de la réalisation du château jusqu'en 1884. Tombé en disgrâce à cette date, il fut remplacé par Julius Hofmann, et les travaux furent interrompus à la mort du roi, en 1886. Ce palais s'inscrit d'emblée dans un site naturellement enchanteur : une île sur un lac. Le roi fut séduit par l'isolement et la solitude de cette île du Chiemsee. Il ne s'agit donc pas de glorifier le travail humain par un effort susceptible d'agir sur le cours naturel des choses, mais de trouver un écrin naturel à la concrétisation d'une idée de faste et d'exception. Le roi de Bavière conçut Herrenchiemsee non comme une demeure royale, mais comme un musée à la gloire de la monarchie absolue du XVIIe siècle français, puisqu'il ne semble pas avoir jamais envisagé d'y résider de façon prolongée ou définitive (il n'y habita que neuf jours, du 7 au 16 octobre 1885). Ce n'était pas le siège du pouvoir mais une folie, une bagatelle architecturale. Jamais dans ce château conçu pour la pompe royale la cour ne fut conviée. Louis II y donna pourtant libre cours à une forme tangible de démesure pour surpasser l'apparat du modèle versaillais. Montrer un au-delà du pouvoir absolu devait aboutir à une outrance qui ancre la construction du château d'Herrenchiemsee non pas dans l'esprit du Grand Siècle imité mais bien plus dans celui du XIXᵉ siècle, au romantisme soucieux de s'affranchir des limites.

À la première impression, ce château semble fastueux par ses proportions surdimensionnées, sa décoration apparemment luxueuse, ses ors à profusion, ses coloris divers, la magnificence des salles et de leur disposition. Voulant surpasser l'œuvre du Grand Roi, Louis II décida que sa Galerie des Glaces devait dépasser de quelques mètres son modèle : quatre-vingt dix-huit mètres de long contre soixante-treize mètres. Cette surenchère brisa l'harmonie classique conçue par Mansart. Le monumental Escalier des Ambassadeurs qui avait disparu de Versailles dès 1752, fut reconstitué et surmonté d'une toiture de verre et d'acier dans le goût d'une architecture composite très XIXᵉ. Dans son enthousiasme pour l'époque de Louis XIV, Louis II fut conduit à une démesure, à une grandiloquence, à une surcharge en opposition aux conceptions architecturales et artistiques du Grand Siècle. La « chambre de parade », où Louis II ne passa qu'une nuit, devait être la plus imposante des chambres de roi, surpassant de loin son exemple versaillais.

Pourtant un je ne sais quoi de toc gâche cette ostentation : les stucs-marbres des murs, les tapisseries peintes en trompe-l'œil, faute de temps et d'argent. Chiemsee, qui coûta aussi cher que Versailles quand seul le corps central du château fut réalisé, fut un gouffre financier, et le roi, faute de moyens financiers supplémentaires, dut revoir ses projets à la baisse, ce qui entraîna l'utilisation de matériaux de substitution, beaucoup moins nobles que ceux prévus à l'origine. Herrenchiemsee est ainsi un décor de théâtre en comparaison de son modèle, une imitation clinquante avec des fautes de goût, qui confine au pastiche plus qu'à l'hommage. Tout ceci à l'image d'un des emblèmes héraldiques du roi, un grand paon de bronze émaillé. La luxuriance de son plumage ne peut longtemps dissimuler la démarche vaniteuse du paon.

Cet exemple nous permet déjà de dégager trois constantes de ce qu'on pourrait appeler un processus de *kitschisation*. Car le kitsch ne tombe pas du ciel et ne naît pas en génération spontanée. Il est à la fois un *modus operandi* qui procède par tout un ensemble de mutations et de déplacements, et l'*opus* qui en ressort. Il résulte de la conjonction de trois processus au moins : le changement d'échelle par augmentation ou diminution, l'imitation par reprise fidèle ou lointaine, le composite ou mélange de styles ou de matériaux. Comme ces trois éléments ne sont pas toujours assemblés, ou sont dans des rapports variables, il n'est pas toujours aisé d'identifier le kitsch. Heerenchiemsee procède par amplification. Celle-ci n'est pas qu'un simple agrandissement qui, par accroissement harmonique des proportions respecterait une même module, mais une extrapolation, une sorte d'anamorphose qui étend hyperboliquement un seul aspect, entraînant la perte de mesure de l'ensemble. Cette conception quantitative prend le chiffre comme critère d'appréciation, comme si l'intensité du plaisir esthétique était en raison directe d'une dimension de l'objet. Ce n'est pas l'intensité éprouvée qui définit subjectivement une grandeur d'émotion, mais inversement une surdimension qui est censée procurer objectivement une surexcitation. Mais l'amplification seule ne produit pas cet effet de toc. Il faut lui adjoindre l'imitation et le composite. En effet, c'est parce qu'elle est composite, c'est-à-dire qu'elle mélange des styles, des matériaux relevant d'ordres divers, que l'imitation semble fausse. Car qu'une copie d'un marbre soit en marbre ou en bronze ne dévalorise pas cette copie au regard de l'original, si ce n'est qu'elle n'est pas première, puisque le matériau reste noble. Mais qu'une copie d'un marbre soit en béton brut, en papier mâché, en plexiglass, en caoutchouc, en fait un faux qui la rend ridicule puisqu'il n'y a plus d'hylémorphisme (cet accord intrinsèque entre une forme et une matière, entre un esprit et sa concrétisation), et que le matériau devient complètement contingent et accidentel au regard de la forme. Ou alors c'est justement ce détournement qui compte, ce qui veut dire que l'œuvre copiée ne vaut que par sa réputation dont on veut jouer. De même la bigarrure juxtapose des styles qui n'ont rien à voir entre eux, de par leur histoire ou leur finalité. Par ce composite l'imitation tombe donc dans une caricature, aussi bien la déformation de l'original que la dévaluation de la copie elle-même. Que cette imitation composite soit disproportionnée en fait donc une enflure pleine de fatuité. Cette folie des grandeurs, avide de l'effet de prestige qu'elles sont censées procurer, sans en avoir les moyens adéquats, n'est qu'une marque de suffisance, de jugement vain. Le jugement étant affolé n'évalue pas tel objet pour lui-même, mais se perd dans la surenchère de l'amplification qui ne porte pas seulement sur la taille de l'objet ou de l'œuvre, mais sur le nombre de choses à présenter. D'où une logique de l'entassement, de l'accumulation, de l'amas où l'important est de faire nombre, de faire masse. Encore une fois, cet amoncellement n'a rien à voir avec le détail d'une œuvre ayant une unité de style. Quand les décors versaillais ou les motifs géométriques de l'Alcazar de Séville démultiplient minutieusement leurs ornements, c'est une métaphore spirituelle puisque l'entendement s'abîme à vouloir réfléchir la dimension infinie du pouvoir royal ou de la puissance divine concrétisée dans les murs. C'est là un repli d'une puissance sans fond qui se déploie vertigineusement. Cela n'a rien à voir avec le remplissage kitsch qui fait flèche de tout bois.

La kitschisation serait ainsi une sorte de *clinamen* d'une forme accomplie. Si l'on tient Versailles pour la forme achevée du classicisme, alors Herrenchiemsee en est l'irréversible déclinaison par une extension indue des proportions, une agrégation de matériaux imprévue, une accumulation, tout comme Las Vegas est l'entropie du patrimoine mondial de l'Unesco.

Mais que cette demeure bavaroise soit ce qu'on appelle péjorativement une « pâtisserie » en termes d'architecture n'est en rien l'effet de son origine germanique. Le Sacré-Cœur de Paris est aussi une belle meringue avec ses fondations en béton et son style romano-byzantin dont la coupole est kitsch par son byzantinisme bâtard, sa composition de tesselles dorées étant contredite par un graphisme dixneuviémiste à la ligne claire et à l'édification ostensible. En outre, qu'un terme apparaisse à telle date, dans telle région et dans telle langue ne certifie en rien que le phénomène qu'il désigne soit imputable au peuple qui lui a donné un mot pour le dire.

Quelle que soit son origine linguistique, le vocable « kitsch » a un champ sémantique étendu. Il s'applique à beaucoup de domaines de l'art, que ce soit les beaux-arts, les arts décoratifs, les arts appliqués, voire la littérature, le cinéma et la musique.

Il s'applique également à toutes sortes d'objets, d'accumulations. Bien que ce mot soit utilisé universellement, il a malgré tout des synonymes plus ou moins proches. En français par exemple, il équivaut à « camelote »[1], qui indique la piètre qualité de beaucoup d'objets kitsch mais qui ne fonctionne pas comme concept esthétique. Le sens du mot espagnol *cursi* s'en rapproche, avec son mauvais goût maniéré et chichiteux, comme le portugais *pires* dénonce quelque chose de vulgaire et prétentieux, alors que l'anglais *rubbish* évoque bien ce déchet de pacotille. Ce goût tape-à-l'œil n'est donc pas une exception teutonne, une lourdeur dont nos amis d'Outre-Rhin auraient le triste privilège. Les grands magasins parisiens, les fausses ruines d'Alphand au Parc Monceau et ses fausses cascades au bois de Boulogne, comme le château de Cendrillon à Eurodisney ou la pyramide du Luxor à Las Vegas valent bien leur pesant de faux sucre.

En cela le kitsch n'est pas singulièrement allemand. Il ne relève pas d'une sorte de mauvais génie germanique, mais plutôt d'une histoire sociale commune à un horizon de culture. Cependant l'Allemagne présentait des conditions sociales propices à la kitschisation d'un goût lié à des pratiques de classes. En effet, comme l'observa Norbert Elias dans ses travaux sur l'étiquette, existait en Allemagne une barrière très élevée entre l'aristocratie et la bourgeoisie, celle-ci ayant des manières peu civilisées, voire vulgaires[2]. Et les aristocrates allemands, loin d'éduquer la bourgeoisie en s'y mêlant, comme ce fut le cas en France ou en Angleterre, la renvoyèrent à sa

---

1. Le camelot, de *camelotum*, désignait une étoffe de poil de chameau ; la camelote était une laine plus grossière qui contrefaisait par sa couleur le camelot.
2. Cf. *Norbert Elias par lui-même*, Paris, Fayard, 1991, p. 75.

propre trivialité. Il en reste une trace émouvante dans *La grande illusion* de Jean Renoir[1]. Les deux officiers ennemis, le capitaine de Boeldieu et le capitaine von Rauffenstein, se reconnaissent comme aristocrates, hommes d'un même rang et d'une même culture, par delà les frontières et se découvrent des affinités privilégiées sous les regards de Maréchal le mécanicien et de Rosenthal le juif. Mais le capitaine français montre, tout aristocrate qu'il reste, qu'il a intégré un égalitarisme républicain auquel le noble allemand von Rauffenstein ne peut se résoudre, méprisant ceux qui à ses yeux ne restent qu'un homme du peuple et un parvenu étranger. L'idée de bimbeloterie surestimée ou de rebut recyclé associée au kitsch provient de quelqu'un méprisant la roture.

du kitsch au gadget

Le kitsch se nourrit de la copie, donc de la reproduction. Ce qui suppose des œuvres reproductibles. Ce qui relève d'une production d'objets industrielle, susceptible de produire en série et en masse. Il ne vaut pas pour lui-même ni pour ce à quoi il peut servir, mais comme rappel d'un original lointain. En cela l'objet kitsch n'est pas vraiment un objet beau ou utile mais sot et futile. C'est un gadget. D'ailleurs certains historiens font provenir ce terme de « gadget » de Monsieur Gaget. Ce dernier dirigeait les ateliers de chaudronnerie et de fonderie, sis rue de Chazelles à Paris, où furent produites les plaques de cuivre rouge repoussé nécessaires à la construction de la statue de la Liberté, selon les plans de Bartholdi et Eiffel[2]. En 1886 pour se

1. Jean Renoir, *La grande illusion*, 1937, R.A.C., 113 mn, France.
2. On pourrait souligner le kitsch maçonnique de la fameuse Statue de la Liberté. Eiffel et Bartholdi, membres du Grand Orient, ont donné à cette sculpture colossale une

faire connaître en Amérique, Gaget fit faire de très nombreuses reproductions miniatures de la statue qu'il distribua aux personnalités présentes. De là serait né le « Gadget », selon la prononciation américaine. De fait, afin de financer son projet colossal Bartholdi avait rétrocédé en 1876 à Monsieur Avoiron, un fondeur parisien, les droits pour vendre des réductions de sa statue à partir du modèle d'étude dans un matériau différent, selon quatre tailles : 120, 90, 60 et 40 centimètres. Ces réductions, parfois équipées pour l'éclairage au gaz ou à l'électricité, sont faites grâce au pantographe d'Achille Collas.

Quelques années plus tard la Tour, également charpentée par Eiffel, donnera lieu, au moins dès 1900, voire dès 1887[1], à la production de maquettes et de souvenirs dont les inévitables copies miniatures. À l'Exposition universelle de 1889 l'inauguration de la Tour Eiffel est saluée par l'apparition de boules à neige dont la Tour est le motif obligé et dont elles sont le souvenir incontournable. Ce qui lança la mode de ces boules, dont les fabricants et les motifs se multiplièrent[2] indéfiniment de par le monde. Depuis la Tour Eiffel est devenue une

physionomie syncrétique, superposant une allégorie de la République, la déesse romaine Libertas, ou Tutela, et la couronne de Hélios.

1. Voir la maquette déposée à la galerie Marc Demaison, à Paris.

2. La boule à neige aurait été inventée par Georges Lenepveu, un maître verrier de la région de Bayeux, et remonterait au moins à l'Exposition universelle de 1878, à Paris, qui mit à l'honneur les maîtres verriers. L'objet faisait office de presse-papiers, pour un prix plus modique que les sulfures des grands cristalliers (tel Baccarat), substituant le verre ordinaire au cristal. La première description de boule à neige recensée remonte à 1878, au rapport de Charles Cole, secrétaire adjoint de la commission américaine sur les œuvres en verre, rédigé durant cette Exposition : « Des presse-papiers en forme de boules creuses remplies d'eau, et contenant un homme avec un parapluie. Ces boules contenaient également une poudre blanche qui, lorsque le presse-papiers était retourné, reproduisait une chute de neige ». Les sept maîtres verriers exposant des boules à neige lors de cette Exposition sont malheureusement restés dans l'oubli. La passion pour ces bibelots s'appelle la chionosphérophilie.

icône du kitsch. Kitsch architectural avec ses copies à Tokyo, Las Vegas, Hangzhou (où elle est accompagnée de tout un quartier haussmannien). Kitsch du design d'objets avec des tours bouteille de vin, flacon de parfum, thermomètre, miroir sticker, pied de lampe[1] ou piètement de chaise[2]. Kitsch visuel où la vue sur la tour Eiffel depuis les toits parisiens en zinc est un cliché du cinéma international.

La prolifération de gadgets, au point d'envahir les maisons et les habitudes les plus familières, remonte aux années 1950. Elle est liée aux années de reconstruction après-guerre, et à l'euphorie d'une consommation retrouvée et débridée. Mais elle est due surtout à une réaction au fonctionnalisme dominant des années 1930-1950. Le gadget kitsch, par delà ses aspects stylistiques, se veut un choix d'existence, un débordement de l'énergie de vie par rapport à la fonction. En cela le gadget kitsch relève bien de la *fête permanente*, du règne de Ploutos et d'Abondance, qui produisent sans limite, qui distribuent sans compter, qui consomment sans réfléchir. Il correspond à une existence qui se décrète insouciante.

classe d'objets, classe sociale : une nouvelle classe

Où donc trouver le «vrai» kitsch, si tant est qu'il existe? L'histoire de l'art ne définit pas à proprement parler un style kitsch comme elle recense L'Art nouveau, le *Jugendstil* ou le

1. Lampe *Tour Eiffel*, dessinée par Pierre Gonalons pour *Ascète*; 55 x 15 cm, métal laqué noir, abat-jour laqué noir brillant.
2. Chaise *Eiffel DSR*, de Charles et Ray Eames, produites en série fin des années 40 et début des années 50. Siège ayant une coque de base en fibre de verre avec un piètement en acier chromé, muni de caoutchoucs antichocs à sa jonction avec l'assise. Les rééditions modernes sont en polypropylène recyclable.

Liberty. Le kitsch ferait partie de cet *éclectisme* stylistique si répandu à la fin du XIXe siècle dans une Europe qui brasse les classes sociales et s'ouvre aux cultures du monde. Un ébéniste comme Jules-Auguste Fossey fabriqua en 1855 une table de toilette[1] réinterprétant les styles du passé, mêlant un aspect général Louis XIV avec des bois dorés et sculptés Louis XV et Régence, des pieds de style Rocaille, avec des plaques de porcelaine très XIXe aux motifs néoclassiques et romantiques, dans un amalgame d'imitations très Napoléon III. Cette grandiloquence dans la recherche de l'effet, cette virtuosité dans l'imitation des styles précédents, ce mélange de matériaux anciens et innovants correspondaient aux nouvelles classes dirigeantes, dont la fortune se constituait par le développement industriel ou bancaire, appuyées par le pouvoir politique, et qui croyaient trouver dans ces pièces luxueuses et de belle facture une légitimité symbolique leur permettant de tenir un même rang que l'aristocratie déchue. Par une sorte de gradation historique nécessaire, la bourgeoisie, après avoir usé de la « savonnette à vilains » par l'achat de charges nobiliaires, après avoir permis à la noblesse de « redorer son blason » par des mariages avantageux, s'est offert un amalgame de styles, piochant dans le patrimoine culturel de sa classe de référence des éléments disparates en vue de sa propre gloire. En cela le goût bourgeois n'est pas foncièrement différent du goût populaire, et d'autant moins que le bourgeois, pour vendre à la foule, doit en connaître les attentes.

---

1. Jules-Auguste Fossey (1806-1858), table de toilette, présentée en 1855 à l'Exposition universelle de Paris et achetée par l'impératrice Eugénie, Compiègne, musée national du Château de Compiègne.

Un point à observer est l'apparition de deux phénomènes concomitants : la constitution de l'objet kitsch, et sa conversion en art. Cela tient pour partie à des éléments historiques, économiques et sociaux. Elle est liée, on le sait, au développement de l'industrie, à la puissance financière et politique de la bourgeoisie montante.

Comme rebut recyclé ou retapé, le kitsch relève au premier chef du monde des objets. Mais il ne s'agit pas de choses utiles, comme un pneu rechapé ou un meuble restauré. Ce sont plutôt des choses tenant aux arts d'agrément ou aux arts décoratifs, des bibelots, comme ces boîtes de conserve transformées en maquettes d'avion ou d'automobile à Madagascar. L'objet kitsch est source d'une bonne plus-value puisque la matière première a un coût marginal, la transformation est simple puisqu'on se contente de reprendre des formes, des styles, des modèles existants, et le prix de vente peut être très intéressant puisque la clientèle ne lésine pas sur les moyens. Il en était ainsi hier avec un mobilier éclectique, mêlant divers styles royaux ou impériaux mais avec des matériaux meilleur marché. Il en est ainsi aujourd'hui des chaises cassées dont l'assise ou les pieds sont « customisées » par des *designers* grâce à des prothèses en thermoplastique aux couleurs criardes. Les arts décoratifs semblent être prédisposés au kitsch compte tenu de leur symbolique sociale dans une histoire des hiérarchies économiques : comme les meubles étaient par définition des pièces mobiles, ainsi que les couverts et les objets de toilette, ils manifestaient le luxe et la puissance des grands lors de leurs divers déplacements. Imiter ces grands conduisait donc à copier leurs accessoires, si tant est que l'habit fait le moine. Et dans la mesure où l'imitation requiert moins de temps et d'habileté (par exemple une peinture dorée se pose aisément contrairement à la feuille d'or au maniement délicat), elle peut s'industrialiser par la mise en place d'une production méthodique.

Le XIXe siècle fut celui de l'industrialisation et du machinisme à grande échelle. Il en résulta des objets fabriqués en grande série, et de façon mécanique pour des raisons de rentabilité. Cette massification, à savoir la production d'objets destinés au plus grand nombre et à la vente de masse pour obtenir de grands profits, ne pouvait passer que par une esthétique de l'effet, susceptible de plaire au plus grand nombre, aux dépens du métier relégué à l'artisanat et aux connaisseurs pour lesquels la restauration et la conservation du patrimoine s'inscrivaient dans le temps long de la dégustation et de la transmission. L'urbanisation des populations, liée au besoin de main d'œuvre et aux facilités de production, marqua la perte du goût «rural» pour un goût urbain, même si ce goût rural persista dans l'imaginaire collectif sous forme de nostalgie ou d'objets à la manière rustique. Apparurent de nouvelles classes bourgeoises, surtout les classes moyennes qui avaient un pouvoir d'achat suffisant pour leur permettre de changer leur registre d'objet, mais insuffisant pour s'acheter des œuvres de maîtres. Ce changement de statut dû à une promotion sociale par le mérite économique correspondait à un phénomène de surclassement de la part de populations ayant les moyens de leur nouvelle classe d'appartenance mais non ses manières. Prises entre le besoin de s'identifier aux classes supérieures par des signes extérieurs de réussite sociale et un patrimoine insuffisant, ou des revenus insuffisants pour se constituer un patrimoine d'adoption, elles s'orientèrent vers l'inauthentique, la copie, l'imitation. S'ensuivit une *crise de la culture* : le modèle aristocratique, celui de la singularité exceptionnelle enracinée dans les temps anciens, avec les idées de patrimoine et de lignée, vola en éclats devant le culte de la *foule*, celui des masses exaltées par des temps à venir, avec les idées de progrès et de brassage social. D'où un autre rapport au temps : non plus la perpétuation du passé, orienté par l'idée de gloire, mais la jouissance du présent. La vie illustre n'est plus pensée de la même façon : non plus une existence exemplaire, modèle et leçon de vertu pour les générations futures, mais un vedettariat bavard et autosatisfait, non plus la postérité mais l'immédiateté. La popularité devint ainsi la version kitsch de la renommée, et l'éclat, celle de la splendeur.

Nietzsche, qui fut un des premiers à penser la culture des masses, dévalua cette esthétique du « troupeau » : « l'histrionisme, la mise en scène, l'art de *l'étalage* [en français dans le texte], la volonté de faire de l'effet par l'amour de l'effet »[1], dont il tenait Wagner pour le plus grand représentant du « goût des masses »[2].

Vu ainsi le kitsch est bien le « mélange chaotique de tous les styles » ou ce « carnavalesque bariolage » par lequel Nietzsche identifie « la barbarie »[3]. Ainsi règne le décor sans unité de style du « philistin de la culture »[4], ce bourgeois gentilhomme de l'Allemagne du XIXe siècle qui a tout faux, pour peu qu'on entende cette expression familière littéralement et dans tous les sens. Mais ce manque d'unité de style revient-il vraiment à une tragédie ? Y a-t-il là un enjeu sérieux, une forme de gravité ou n'est-ce qu'une affaire de goût ?

---

1. *Fragments posthumes* 15 = W II 6a, printemps 1888 15[6-8], Paris, Gallimard, 1977, p. 177.
2. *Le cas Wagner*, Postscriptum, trad. par H. Albert, Paris, Mercure de France, 1899.
3. *Considérations inactuelles*, première partie « David Strauss, l'apôtre et l'écrivain », Paris, Gallimard, 1990, p. 22 *sq.*
4. *Ibid.*, p. 24 *sq.*

En fait la question du philistinisme ne se réduit pas à une question de goût, c'est-à-dire à une affaire personnelle, mais aux changements de repères introduit par la société de masse qui se constitue au XIXᵉ siècle. De quel type de barbarie s'agit-il ici ? Comme le comprit Nietzsche, la perte de l'unité de style n'était que le symptôme d'une crise radicale. Cette dernière était plus que la répercussion d'un changement économique sur la superstructure politique et culturelle. Elle s'enracinait dans une *crise des valeurs*. C'est pourquoi Hermann Broch, qui suit Nietzsche sur ce point, interprète le kitsch par une théorie des valeurs [1]. Que le détenteur du pouvoir ne s'interprète pas qu'en termes politiques, car le fond de l'affaire revient à l'*ethos* d'un tel détenteur, c'est-à-dire *in fine* à une axiologie. L'aristocrate séduisait par son ascendant ; le philistin épate par sa réussite. L'un devait s'illustrer en mémoire de l'aïeul fondateur, pour honorer un nom qui l'inscrit dans une lignée ; l'autre se fait un nom, voire un prénom en brillant par son innovation et son initiative.

Dès lors que la foule devient le moteur de la production et l'objectif de la vente, le plus grand nombre se constitue en référence du beau, du bien, du vrai. Car pour vendre à la foule, il faut se régler sur son goût supposé sans chercher à l'éduquer. Alors que le classicisme cherchait à plaire et instruire, comme disaient La Fontaine et Racine, en réglant la beauté sur la vérité, en respectant des règles académiques, le kitsch s'inscrit dans les valeurs les plus mièvres du romantisme : le beau s'aligne sur le plaisant, le bien se ramène aux grands

---

1. H. Broch, « Le mal dans le système des valeurs de l'art », dans *Création littéraire et connaissance*, Paris, Gallimard, 1966, p. 329-366.

sentiments, le vrai se réduit à l'opinion du plus grand nombre dans une coexistence de règles disparates.

Cette crise des valeurs n'est pas l'effet de quelque obscure crise de civilisation : elle résulte d'un processus historique de déclassement de l'aristocratie, corrélatif au surclassement de la bourgeoisie, interprétable d'un point de vue moral et psychologique, pour peu qu'on puisse entrevoir comment une classe veut entrer dans l'esprit d'une autre sans s'aliéner par une surimpression d'intentions différentes. Mais comme la bourgeoisie est la classe du commerce, et comme son intérêt est d'accroître indéfiniment sa chalandise, et par conséquent de séduire le plus grand nombre, s'opère ainsi une alliance objective entre le goût bourgeois et celui des masses, et une union subjective dans une même psychologie de la réussite. Alors que la noblesse se pensait en termes d'honneur, source de gloire, le tiers-état se rêve en termes de réussite, source de revanche, et le kitsch est l'avènement massif de leur *incongruité*.

Cependant le philistinisme est un phénomène social historiquement plus complexe, comme le montre l'analyse radicale de Hannah Arendt[1]. Le philistin n'est pas que le bourgeois à l'esprit marchand et utilitaire. S'il n'était que cela, il serait un rustre sans effet sur la culture classique ou les valeurs éthiques et esthétiques. Car au philistin rustre qui dédaigne les œuvres de l'esprit comme inutiles, s'oppose le philistin cultivé qui voit dans les objets culturels une manière de s'acheter «une position sociale supérieure dans la société» ou d'acquérir «un niveau supérieur dans sa propre estime»[2]. En cela, pour lui les arts et la culture ne sont pas liés à une réalité existentielle, mais

---

1. H. Arendt, *Crise de la culture*, « Crise de la culture », Paris, Gallimard, 1972, p. 253-270.
2. *Ibid.*, p. 261.

à un processus de reconnaissance. L'enjeu de la culture n'est plus entre soi et le monde, mais entre soi et les autres, dans la mesure où la culture marque un raffinement social, donc une situation respectable. D'où une perte du style, ou plus exactement d'un mélange des styles propre au kitsch, ceux-ci ne relevant plus d'une adéquation entre un sens et une forme, les objets de divers styles fonctionnant comme des valeurs d'échange signifiant ce déplacement de statut social.

Mais si la crise de la culture n'était que cela, elle serait somme toute risible, à la manière du *Bourgeois gentilhomme* qui s'achète à grands frais une éducation des arts libéraux et se fait refiler une mode de mauvais goût, et dont la maladresse est finalement sympathique. Le problème n'est pas que les marchands aient pris le pouvoir, ce qui fut une lente progression historique, des banquiers lombards à la Révolution française en passant par les drapiers flamands. Il est que les marchands eux-mêmes ont perdu le pouvoir effectif qui s'est déplacé vers la *masse*, leur clientèle qu'il faut flatter et séduire pour vendre.

Le problème consiste en une inversion de la norme, sise non plus dans une individualité de référence, mais dans cette masse. Or à partir du moment où la masse fait loi, parce qu'elle est une puissance de chalandise, et comme le marchand ne fait pas la morale mais fait l'article, alors la disparité des goûts et des opinions populaires devient la règle de l'action et du jugement. Le mauvais goût n'est donc plus discriminant pour peu que le rustre soit acheteur ou solvable. Il peut même être légitime, selon un mercantile relativisme des normes, dès qu'il représente un marché potentiellement rentable. Le kitsch est ainsi lié indissolublement à une époque et une économie de masse. La consommation ostentatoire (*conspicuous consumption*), dont Veblen[1] dénonçait le gaspillage de temps et de biens, n'est pas le signe de la seule classe bourgeoise, mais devient, par contamination du haut vers le bas de l'échelle sociale, une vanité partagée.

Cet alignement sur la masse change la donnée culturelle. Si tout est légitime au sein de la masse comme agglomérat disparate, il n'en demeure pas moins que pour chaque homme du peuple comme pour chaque bourgeois, le modèle culturel reste l'élégance aristocratique[2]. D'où une situation sociale paradoxale de qui veut s'approprier la culture libérale comme élévation de soi tout en l'interprétant selon les paramètres de la vie de travailleur : tenir la culture pour une instruction comprise à l'aune d'un délassement relevant des biens marchands. Une bonne illustration en est la fameuse noce du petit peuple parisien, décrite par Zola, associant petits-bourgeois et artisans, aux modes mêlées, défilant «les décrochez-moi-ça du luxe des pauvres»[3]. Au respect quasi religieux devant les œuvres d'art, le musée étant un temple civil, se mêle un souci pour le coût des œuvres, une admiration pour le travail bien fait. Mais ce qui n'était encore qu'une visite occasionnelle pour Zola est devenu aujourd'hui un flux continu, la culture étant de fait régulée par une industrie du tourisme planétaire. Cette monétisation de la culture classique et des arts induit alors une dépréciation effective des œuvres de l'esprit comme valeur en soi au moment même où elles font l'objet d'une demande massive. Cette

---

1. Thorstein Veblen, *Théorie de la classe de loisir* [1899], Paris, Tel-Gallimard, 1978.
2. On observe qu'aux États-Unis l'on parle des grandes familles politiques de la côte Est comme d'une « aristocratie », et que certains riches s'inventent des armoiries et des blasons.
3. Emile Zola, *L'assomoir*, chap. III, Paris, Garnier-Flammarion, 1969, p. 100.

demande répond à l'idée reçue selon laquelle cet en soi est valorisant, même si de fait il est devenu lui aussi un argument de promotion, une culture autotélique n'étant plus que résiduelle. Ainsi les œuvres de l'esprit ne relèvent plus d'une *vita contemplativa*, mais de l'*entertainment*. La création devient une récréation. Le loisir n'est plus la *scholé* ni l'*otium*, ce temps pour soi, mais une industrie du divertissement profitable. Conséquemment les œuvres pérennes deviennent des marchandises sociales, circulant à grande échelle. Cette transformation de la vie de l'âme en consommation signe la désintégration de la culture. Le loisir n'est plus la dimension de l'homme libre, car il devient un travail à part entière, organisé, négocié, calculé. Et, comme dans la noce de Zola, avec ses « drôleries de carnaval », le visiteur de bonne volonté finit par se lasser d'une activité culturelle et aspire au repos.

Le kitsch est moins du toc que du troc : il échange les valeurs qui présidaient aux arts libéraux par les contraintes ordonnant les arts mécaniques. Il rend caduque la hiérarchie platonico-aristotélicienne entre *éleuthéros* et *banausos*, entre l'homme libre raffiné et l'artisan vulgaire. Le kitsch – symptôme d'une *succes-story* de *money-makers* – étant apparu dans un processus de *mimétisme* et d'*euphorie*, une classe se donnant les apparences d'une autre dans la joie de son ascension, se satisfait de l'inauthentique. Cet inauthentique n'est pas un manque, mais un état de fait. Faute de mieux, nous nommerons ce phénomène social et historique *l'esthétique du parvenu*, le parvenu étant une personne hissée au-dessus de sa condition première, mais qui n'en a pas acquis les manières bien qu'elle s'applique à les copier. Le parvenu est toujours menacé de singerie : même s'il est *parvenu* à un certain niveau social, on lui reproche toujours de n'être pas *arrivé* à en avoir les manières, justement parce que celles-ci ne s'acquièrent pas du jour au lendemain, mais sont instillées au jour le jour dans une éducation dynastique de longue haleine. Ceux qui étaient au-dessus de lui disent : « il n'est pas des nôtres » ; ceux qui étaient en dessous : « il n'est pas mieux que nous ». L'homme kitsch est rattrapé par son passé. Parvenu est donc un terme péjoratif et ambigu : qui est parvenu à un certain rang social découvre que ce niveau recèle encore divers milieux auxquels il n'a toujours pas accès, dans une sorte d'emboîtements indéfinis dont il ne voit pas le point de fuite. Un parvenu n'est pas un accédant. Le kitsch est ainsi ce goût du parvenu, ce nouveau riche aux manières un tantinet vulgaires qui trahissent, quoiqu'il fasse et à son insu, sa condition sociale première. En ce sens, sous son sourire brillant, le kitsch est tragique : malgré tous les efforts que peut produire une personne pour changer de condition, pour réformer ses habitudes, pour s'approprier une nouvelle culture, pour acquérir un patrimoine, pour se constituer une histoire et une mémoire, pour corriger ses manières, pour effacer son passé, quoi qu'elle fasse il n'en reste pas moins qu'un maintien déplacé ou un mot maladroit, ou un accent incontrôlé, ou un je ne sais quoi signale qu'elle n'est pas du même monde que la classe qu'elle mime. Pour jouer sur les mots : le parvenu n'a pas la classe… Mais, revanche de l'histoire, cette distinction des héritiers finit par devenir elle aussi un agglomérat d'accidents sans substance, une forme vide, une caricature d'elle-même qui en fait une simple affiche kitsch, puisque la puissance effective s'est déplacée des ordres des *oratores* et *bellatores* vers celui des *laboratores*.

Le kitsch représente donc un processus historique de dévaluation de l'aristocratisme : « on » en emprunte les valeurs, non pour se les approprier comme signe d'appartenance, mais pour les copier comme signe extérieur de promotion ou de réussite. Le goût aristocratique opère en système clos, telle affectation valant dans un code de connivences qui permet de se faire reconnaître de ses pairs. Inversement le goût kitsch fonctionne en société ouverte, telle expression valant comme un gradient dans une échelle de stéréotypes présumés être les apparences garanties de telle ou telle classe supérieure, s'adressant à quiconque pour montrer que la mise en œuvre de telle allure exprime bien l'adhésion à telle classe, comme dans les séries américaines où les dîners en tête à tête des gens présumés riches – et ils le sont puisqu'ils ont une Mercedes et une Rolex – se passent dans un restaurant, devant un verre de Chablis, s'ils sont sur la côte Est, et de Chardonnay, s'ils sont sur la côte Ouest, en robe du soir, parce que tel est supposé être l'imaginaire de l'Américain moyen pour qui l'Europe garde encore son image de chic. Le kitsch ne cherche donc pas la vérité des êtres ou des cultures, puisqu'il se contente de répéter les clichés. Et comme le cliché finit par conditionner des comportements, les clichés engendrent des clichés faisant fonction de vérité. C'est ainsi qu'en grande partie la société américaine ressemble à la caricature qu'en présentent les séries télévisées, non pas parce que les Américains seraient caricaturaux, ni parce que ces séries « collent » à la réalité sociale, mais parce qu'elles sont l'objet d'un marketing forcené et d'un vedettariat qui font que les gens communs, conditionnés par des stéréotypes télévisuels, finissent par vouloir s'y identifier.

Le goût aristocratique fonctionne en interne, sûr de son ascendant ; le goût kitsch veut s'assurer du regard de l'autre. En cela il est bien tape-à-l'œil, m'as-tu-vu, voire exhibitionniste, comme dans ces chromos pornographiques de Jeff Koons[1] où ce qui est à voir est moins le panache de telle ou telle acrobatie kamasutresque que les yeux de Jeff et de sa virginale Cicciolina, cherchant l'œil de l'objectif, soit le regard du spectateur. Et cela non pas pour faire accroire la jouissance, comme dans une scène pornographique, mais pour spécifier qu'il s'agit bien d'un spectacle. En cela le kitsch se donne en spectacle en une *apostrophe* qui s'inscrit dans un rapport moral. Ce rapport ne se fait pas de façon ascendante entre le parvenu et l'aristocrate, car ce dernier a déjà irrévocablement assigné le premier comme un béotien – tragédie de Barry Lindon –, mais de façon descendante entre le parvenu et sa classe d'origine. C'est pourquoi l'objet kitsch peut-être un faux, une contrefaçon, une copie. L'inauthenticité, indéniable flétrissure de l'infamie pour l'aristocrate, compte peu pour le parvenu, car seule l'épate pèse dans son calcul, *i.e.* faire bonne impression sur ses ex-camarades de classe, ceux-ci jugeant l'objet tape-à-l'œil d'après leur propre inculture, se contentant des symptômes stéréotypés de la réussite. Le surclassé peut même se payer le luxe du mauvais goût dans une inversion des attributs de classe. Si traditionnellement le mauvais goût est assimilé au vulgaire, donc à ce qui provient du peuple et des pauvres sans éducation, inversement le surclassé, ayant acquis les moyens de ses caprices, est obéi grâce à sa richesse récente, et fait donc de son mauvais goût initial l'attribut de sa puissance toute fraîche. Ainsi en 1935, dans *L'extravagant Mr Ruggles*, les costumes rayés et à carreaux du richissime américain qui s'achetait un majordome anglais stylé, gagné au jeu, déclenchaient des rires du fait de leur

1. *Made in Heaven*, 1991.

mauvais goût manifeste, comparé aux sobres costumes gris du duc anglais[1]. Aujourd'hui de telles tenues bigarrées et *casual* sont devenues un signe extérieur de réussite décontractée, laissant au vestiaire de l'histoire les tenues élégantes et amidonnées des richesses d'antan. Telle est la revanche du *misfit* dont l'excentricité n'est plus un écart préjudiciable mais une plaisante singularité.

L'objet opère donc comme un fétiche : il ne vaut pas pour lui-même, mais pour la puissance dont il est censé être la manifestation ou le vecteur. Comme l'objet ne vaut pas par son authenticité, *i.e.* son rapport direct à l'origine (quelle qu'elle soit) qui fonde sa valeur, mais par sa relation au regard, qui borne sa relativité, il est toujours menacé de désaffection. Cet objet doit donc solliciter le regard d'autrui, attirer son attention dans une sorte d'existence conditionnelle. D'où une pratique de la surcharge et de l'emphase qui perd le sens de la mesure. Le kitsch est constitutivement *too much !*

« ça fait kitsch ! »

Flétrir une chose en la qualifiant de kitsch relève bien d'un processus de relégation qui ne lui permet pas d'appartenir au « beau monde ». « Ça fait kitsch » comme « ça fait mauvais genre » : le kitsch se trahit par son effet. Alors qu'il croit « faire classe », c'est-à-dire littéralement marquer son appartenance à la classe sociale réputée bonne, le kitsch signale malgré lui, à son insu, son origine illégitime. Le mauvais genre, celui des mauvais quartiers, des mauvais garçons ou des filles de mauvaise vie, rassemble dans un même jugement dépréciatif,

---

1. *L'extravagant Mr Ruggles* (*Ruggles of Red Gap*), de Leo McCarey, 1935, 1h 31mn, avec Charles Laughton.

d'ordre éthique et esthétique, une différenciation des conduites et un partage de l'espace. À la manière d'une scène du *Jugement Dernier*, dans lequel le Juge Archange met en balance la céleste ascension des sauvés et l'infernale chute des damnés, le discrédit à l'encontre du kitsch attribue un blâme à qui ou à quoi ne respecte pas les règles de bienséance.

Mais un tel jugement ne laisse pas de devoir répondre aux inquiétudes du scepticisme. Peut-on repérer ce qui fait kitsch et qui est habilité à porter un tel jugement dépréciatif? On dira que c'est la culture légitime. Mais qu'est-ce qu'une culture légitime et qui peut se targuer d'en être le représentant?

Historiquement le kitsch est un décor qui veut faire bonne impression en mimant celui de la classe supérieure à laquelle il réfère, veut s'identifier et se fondre. La petite noblesse qui veut faire grande, le bourgeois qui veut faire noble, le petit bourgeois qui veut faire grand bourgeois, le prolétaire qui veut faire petit bourgeois. Le kitsch veut faire genre, comme on dit populairement. Il veut effacer ses origines authentiques pour se donner celles de sa nouvelle classe[1]. Cette prétention à la considération est en fait un échec car l'intention est trop criante et l'effort trop visible. Elle n'économise pas ses moyens; en cela elle manque d'élégance, et du coup n'obtient pas sa qualification. Croyant assurer au regard d'autrui qu'elle a bien les moyens de ses visées, son excès trahit paradoxalement un manque et fait défaut là où il croit bien faire. L'intention subjective est dépassée et contredite par la réception d'autrui. Symétriquement, quand je juge que « ça fait kitsch », je veux

---

1. En cela les Américains, dont on critique souvent le côté « nouveaux riches », sont généralement peu kitsch au sens où ils n'ont pas honte de l'endroit d'où ils viennent.

signifier à autrui que je suis capable de me distinguer d'un tel phénomène, que j'en comprends les limites et l'impertinence.

Dès lors serait-ce dire que le kitsch n'est pas quelque chose d'identifiable, de définissable, mais une affectation, une *manière*? Il n'est pas un attribut, mais un mode. Est-ce un mode de l'objet ou du sujet? Comme affectation, il est foncièrement un mode du sujet sensible dont l'objet est l'allégorie expressive. D'abord un mode de la part du sujet producteur dont l'intention (vouloir faire chic) est en fait la recherche d'une approbation par autrui, voire d'un consensus en affirmant un standing adéquat au standard auquel il prétend par des objets dont il croit qu'ils vont parler en sa faveur. Ensuite un mode du sujet récepteur dont le jugement «ça fait kitsch» est une manière de marquer une désaffection alors même que l'objet kitsch est flatteur et affectif. Par flatteur nous entendons non pas ce qui est agréable ni ce qui est beau, mais une convergence de séduction et d'effet social. Le kitsch n'est pas l'apparat, ou plutôt il est l'apparat de l'inculte. Il recherche l'effet immédiat, plaisant, sans complexité. Sans craindre la redondance nous dirions que le kitsch est d'une simplicité simple. Non pas la simplicité féconde, obtenue par un long travail d'épure et de stylisation qui intègre un regard critique dans une sorte de dédoublement réunifié, mais une simplicité naïve qui ne voit le mal nulle part. Pour trouver une comparaison œnologique nous pourrions dire que le kitsch est un cépage flatteur au palais, mais ignorant des complexités fragiles des assemblages, pour autant que l'art des assemblages n'a rien à voir avec le goût du composite.

Que l'objet soit déclaré «faire kitsch» est une façon paradoxale de le distancier et neutraliser. «Ça fait kitsch» place l'objet ailleurs, ni beau ni laid, mais impertinent, inconvenant, déplacé. Le sujet récepteur estime que l'objet présenté, par exemple, dans un musée d'art moderne serait mieux dans un musée des arts et traditions populaires ou dans une école de design. À l'instar du bourgeois surclassé qui ironise sur la noblesse, l'objet qui «fait kitsch» est soupçonné d'usurper une position qui n'est pas celle qui lui revient. En effet, dans ce jugement le terme «kitsch» est une sorte de prédicat esthétique atypique, ne qualifiant pas l'objet selon la polarité classique beau/laid, mais le réduisant au *style médiocre*[1], c'est-à-dire cette production entre le style simple et le style sublime, le kitsch puisant son inspiration dans le trivial pour lui donner des airs d'apparat. La médiocrité de l'objet renvoie implicitement à celle de la personne qui s'en glorifie ou qui l'aime.

Or cette estimation de médiocrité suppose elle-même un jugement de valeur porté par un tenant du bon goût, et une hiérarchie implicite ou explicite qui fonde cette évaluation. Mais qui peut dire que «ça fait kitsch», ou encore quelle position peut conférer l'autorité de dire ce qui est kitsch et ne l'est pas, et du coup ce qui le fait ou ne le fait pas ? Quel serait le point de vue extérieur légitime et avéré ? Car le kitsch nous place même au cœur d'un cercle vicieux et d'un dilemme. En effet, le processus de kitschisation est justement d'être un *procès en légitimité* : historiquement une classe investit les attributs d'une autre en les mêlant aux siens. Par conséquent, la classe investie dénie par réaction la légitimité de ce mélange des genres alors même que la classe ascendante dénie symétriquement l'autorité d'une classe qui à ses yeux a perdu toute légitimité. Le kitsch se déploie donc dans une société à légitimité flottante, variable, oscillante, sans mise au point possible.

1. Cf. *Encyclopédie* de Diderot et d'Alembert, article « Style ».

Si l'on déprécie le kitsch en s'estimant apte à distinguer ce qui le fait de ce qui ne l'est pas, alors on renvoie à des normes marginalisées, voire périmées, celles de la classe dégradée, quitte même à être suspecté de vouloir rétablir une hégémonie condamnée par l'histoire d'une égalité en marche. Et qui aujourd'hui serait fondé à dire que Jeff Koons fait de l'art médiocre alors même que le marché lui donne raison ? Inversement, si l'on apprécie le kitsch et qu'on veut le réhabiliter, alors on n'a pas plus de normes pour fonder ce parti-pris puisque, pour faire sauter le verrou des valeurs traditionnelles, on a recouru au relativisme, et que, par conséquent, ce relativisme est à lui-même son propre obstacle à toute tentative de fondation d'une nouvelle légitimité. Le problème étant que plus personne ne peut dire la loi en ces matières. La perte du *canon* ou de la *norma*, c'est-à-dire de la règle et de l'équerre, est une perte de tout instrument de mesure, non pas parce que l'instrument serait défectueux, mais parce que l'unité de mesure est elle-même dissoute. La question n'est finalement pas celle d'une relativité des jugements, car après tout cette relativité pourrait être dépassée par le *modus vivendi* que pourrait représenter, par exemple, la convention ou le marché. Elle est bien plutôt celle d'un impossible point de repère. Dieu, la nature, la raison, et même l'universel possible sont rendus caducs, parce que plus rien n'a suffisamment de force physique, morale ou intellectuelle pour obliger quiconque. Car l'autorité est dorénavant pensée en termes de reconnaissance, et cette dernière est elle-même comprise, à tort ou à raison, depuis l'agrément : n'a d'autorité que ce qui m'agrée. Toutefois s'il n'y a plus de point de repère, il ne faut pas en conclure tragiquement que le nihilisme triomphe mais inversement qu'aucune hiérarchie ne prévaut, donc que l'égalité est la règle.

Le kitsch abolit le fil à plomb qui ordonne une verticale pour en rester au niveau qui égalise les dignités humaines. La norme n'est plus transcendante, mais immanente aux relations sociales.

Par exemple, concernant l'éducation musicale, Aristote distingue dans la *Politique*[1], en reprenant d'ailleurs des arguments des *Lois* de Platon, une formation musicale digne, celle de l'homme libre, qui cultive la musique pour son propre perfectionnement, et une musique indigne, celle du mercenaire qui cherche à faire plaisir aux auditeurs, et est par là même prêt à céder à toutes les vulgarités. Or, rien en raison ne permet de justifier une telle dévaluation, car faire plaisir aux autres n'exclut nullement de se parfaire soi-même ni de les éduquer petit à petit. Qui plus est, à l'époque d'une culture de masse, l'idée d'une musique pour soi est devenu un non-sens, non pas parce que la musique aurait perdu toute valeur éducative, bien au contraire, mais parce que ce perfectionnement est un argument de vente destiné à une niche marketing. Qui croit s'améliorer en écoutant les *Leçons de Ténèbres* de Gesualdo répond en fait à un positionnement marketing sur un segment du marché. Aujourd'hui de fins critiques peuvent fort bien ironiser sur André Rieu, sur sa musique classique de quat' sous, sur ses mimiques faussement enthousiastes, sur ses décors de carton pâte imitant le château de Schönbrunn, sur ses arrangements de grands airs «tantôt grotesques tantôt kitsch»[2]. Toujours est-il qu'il procure une joie populaire par un florilège de pièces classiques là où les puristes produisent des inhibitions. En ce sens le kitsch est ici le prix à payer pour une

1. Aristote, *Politique*, VIII, 6, trad. par J. Tricot, Paris, Vrin, 1962.
2. *Cf.* Etienne Billaud, http : www.evene.fr/culture/agenda/andre-rieu-22081.php

éducation populaire procédant par degrés. André Rieu n'est pas en soi mauvais, pour peu qu'il soit un artiste de transition, permettant à un inculte de venir peu à peu à des ravissements d'un autre ordre.

Entre le parvenu et le noble s'installe une solidarité antipathique : la classe parvenue a besoin de la norme traditionnelle pour montrer qu'elle s'y conforme en intention avec brio alors même qu'elle la subvertit en fait ; symétriquement la classe dégradée a besoin de la contrefaçon du parvenu pour montrer qu'elle s'en distingue avec prestige et pour se réhabiliter par là même. Ainsi le parvenu a besoin du relativisme des normes pour pouvoir justifier son processus de transgression tout comme le dégradé en a également besoin comme repoussoir pour dénoncer une décadence, se faire plaindre et se faire désirer. Le kitsch est donc la trompette du parvenu comme la sirène de l'aristocrate. Mais comme une norme fait défaut, la légitimité flottante du processus de kitschisation s'accompagne d'un contenu glissant, adaptable à un jeu de légitimation circonstanciel.

Dès lors le qualificatif de « kitsch » semble véhiculer d'emblée beaucoup de contresens culturels, dans une sorte de confusion des peuples et de rejet symétrique. Chacun va estimer « kitsch » les images des autres et du coup tout le monde fait kitsch : la Macarena et les céramiques catholiques qui fleurissent en Andalousie ou au Portugal, les avatars de Vishnou ou les affiches de Bolywood, l'opéra chinois ou les bonbons anglais, des barbotines tourangelles ou des *sitcoms* québécoises, des broderies roumaines ou un Merlot californien, des décors maçonniques ou des bibelots malgaches. Par facilité, ou par contamination, on déclare comme kitsch tout ce qui nous apparaît, selon nos propres habitudes culturelles et artistiques, comme hétéroclite ou d'un goût bigarré parce qu'appartenant à un autre pays ou une autre classe sociale que la nôtre, ayant d'autres *habitus* culturels. On trouvera également kitsch l'amas de bibelots dans une loge de concierge, ou inversement un décor de vénerie dans un pavillon de chasse aristocratique, les opéras de Wagner ou les héroïnes de *mangas*. Ainsi le répertoire kitsch semble indéfini, allant des porte-clés au roman-photo en passant par les *platforms shoes* pailletées et les manteaux pour caniches en skaï léopard. Mais, comme on l'apprend en logique élémentaire, un concept d'extension indéfinie tend à avoir une compréhension nulle [1], et finalement le kitsch est le quotidien des autres estimé d'un goût douteux.

C'est là une facilité de langage qui n'exprime pas les propriétés d'un concept, mais procède par analogies d'impressions. Ainsi *vago sensu* le kitsch est le goût de l'étranger, soit les clichés qu'on lui vend comme souvenirs bon marché, soit les clichés auxquels on le réduit par une curiosité maladroite. Ce prédicat désigne alors une disposition sans unité thématique, chargée, aux couleurs saturées, avec une connotation de sympathie amusée. Si ce qualificatif ne discrédite pas la production ainsi jugée, il lui fait néanmoins écran puisqu'on la laisse à distance au lieu d'essayer de changer de point de vue. Nommer kitsch telle ou telle production d'une autre culture revient à une sorte de *modus vivendi* relativiste par lequel on marque une forme de condescendance pour l'autre au nom de la diversité des cultures, mais sans chercher à dépasser les idées reçues ni à comprendre cette production depuis une inversion de perspective. Ici, comme souvent, le relativisme est une paresse de

---

[1]. Un exemple de ce bric-à-brac sans circonscription est le fascicule de Jean-Michel Normand, *Kitsch, les carnets du chineur*, Paris, Éditions du Chêne, 1999.

l'esprit qui en reste à une critique rapide sans chercher à identifier des principes. Ainsi l'on confond baroque et kitsch sous prétexte que tous deux seraient exubérants, alors que le baroque est une conscience de la vanité humaine, un jeu entre l'absolu et la finitude très éloigné de l'insouciance kitsch. De même on assimile kitsch et rococo dans la mesure où ces deux genres flamboyants présentent des thèmes légers, sur la joie de vivre, avec une décoration intérieure pleine de figures de porcelaine, de petits objets décoratifs sans utilité. Mais le rapprochement s'arrête là, car contrairement au kitsch, populaire, bourgeois et de mauvais goût, l'intérieur rococo est le symbole de bon goût pour la noblesse de cour. Qui plus est, le style rococo a des caractéristiques spécifiées par l'histoire de l'art comme l'asymétrie ou le jeu de courbes et contre-courbes, jouant des contrastes et des déséquilibres, alors que le kitsch ou le néo-kitsch n'ont pas de marques stylistiques, comme le notait Adorno [1].

Un exemple récent de cette confusion d'esprit est l'exposition des œuvres de Jeff Koons au château de Versailles. Un des arguments répandus à l'envi pour justifier ce *clash* culturel, outre l'avantage spéculatif pour les prêteurs d'œuvres, était que le kitsch de Koons faisait contrepoint au baroque de Louis XIV, le style du roi étant quasiment une version Grand Siècle du kitsch. Un tel jugement anachronique se méprend sur la thématique du baroque, son effet de vertige étant une méditation sur les illusions sans rapport avec le superflu kitsch. Mais, malgré tout, pourquoi a-t-on pu imaginer cela ? Il nous semble que c'est dû au statut de *l'ornement*. Dans l'histoire de l'art royal

---

1. T. W. Adorno, *Théorie esthétique* [1970], trad. par M. Jimenez, Paris, Klincksieck, 1974, p. 317 *sq.*

et impérial français, de François I à Napoléon III, l'ornement marque la munificence du prince. Or, dans l'histoire de l'art moderne, l'ornement s'est considérablement estompé, parfois jusqu'à disparaître dans un style minimaliste ou strictement géométrique. L'art « déconstruit » d'aujourd'hui va même jusqu'à nier l'ornement dans un style « chantier » fort désolé, comme cela peut se voir dans l'architecture décomposée du Palais de Tokyo. Cette manière sévère a fini par former l'œil des spectateurs, et même par être une référence des juges en matières d'art. En revanche, le kitsch réhabilite l'ornement, rinceaux d'acanthes et de fruits, rosaces, palmettes, fleurons, festons, godrons, cordons et autres rubans. Jeff Koons ne s'en est pas privé, comme dans *Made in Heaven*, soit l'artiste et sa Cicciolina, ou *Michael Jackson and Bubbles*, soit le chanteur et sa guenon. Il a emprunté ces figures de caprice au vocabulaire classique de l'art, ainsi que le principe du miroir, plan ou convexe. En cela, il prend le contre-pied de la tendance encore dominante aujourd'hui, celle d'un art tragique, décomposé, sombre, lugubre. Au camp de la mort, il préfère le camp de vacances ; au mat, il préfère le brillant ; au triste, le gai ; au profond, le frivole ; au strict, l'orné. Mais ces emprunts subissent un déplacement qui en change le sens. Seul un regard superficiel et expéditif peut associer le kitsch de Koons aux décors versaillais. Ceux-ci correspondaient à une distribution de *trophées* célébrant le triomphe d'un roi soldat quand les pièces de Koons sont des *banalités* (pour reprendre le terme même qu'il emploie) érigées en œuvre, en quoi il reste le disciple de Duchamp. Cependant il ne se contente pas d'extraire une banalité de son contexte quotidien, il la convertit en œuvre par un changement de matériau et d'échelle. Ainsi son *Homard*[1] qui est l'agrandissement d'un ballon ou d'une bouée de forme animale, propre à amuser les enfants, n'est plus en plastique gonflable mais en aluminium. Malheureusement pour Koons, ce qui faisait terriblement kitsch dans des galeries ou des musées aux murs d'exposition nus, devient tristement pauvret face à des décors autrement plus riches et plus significatifs qui renvoient la banalité à elle-même. Contrairement à l'idée reçue, ce n'est pas Versailles qui peut craindre de pâtir d'un tel parasite, mais plutôt le kitsch de Koons renvoyé à la pauvreté de son chiqué.

Tout n'est donc pas kitsch. Mais encore faut-il, pour barrer toute confusion, pouvoir établir des propriétés exclusives. Or, telle une anguille, le kitsch nous échappe dès qu'on cherche à le saisir, d'autant plus qu'on en fait, non plus un repoussoir, mais une valeur sûre. Comment donc comprendre cette inversion historique, l'exemple même d'une décadence culturelle devenant un renouvellement de la culture ?

« c'est trop kitsch ! » ou la réversibilité du sous-produit en œuvre légitime

L'inversion de la valeur du kitsch est inhérente au processus kitsch lui-même, qui fonctionne selon le *modus operandi* du *remploi*, donc par récupération d'un matériau, d'un objet pour un contexte et une destination étrangers, voire aliénants. Il produit une réversibilité des situations parce qu'il vient justement d'une culture qui circule dans le champ d'une autre sans

---

1. *Lobster*, 2003, aluminium polychrome, chaîne d'acier, dimensions : 246,4 x 48,3 x 94 cm, 48 kg, Versailles, salon de Mars, collection Michael & B.Z. Schwartz.

en connaître ni en comprendre les codes. Ces derniers n'ont donc aucune fonction régulatrice ni prohibitive, et du coup tout devient possible, voire légitime. Ainsi une beauté de référence est banalisée, c'est-à-dire rabattue dans le domaine des commodités. Le plus beau tableau du monde − *La Joconde* − devient un motif décoratif pour un plat à tartes ; la plus belle femme du monde − La *Vénus* de Botticelli − devient un puzzle ou une cravate ; la plus belle architecture du monde − un temple grec surmonté d'une Victoire − devient une calandre de voiture. Inversement une banalité est consacrée, c'est-à-dire extraite de son usage pour être admirée en elle-même. Ainsi un téléviseur deviendra le clou du spectacle dans un salon modeste, trônant comme un tableau ou un autel, entouré de guirlandes artificielles, couvert d'un napperon en crochet, surmonté d'une biche à paillettes ; des graffitis formeront le design d'une ligne de vêtements d'un grand couturier[1], et une chaîne d'ancre se fait bijou[2].

Le kitsch est réversible parce qu'il est foncièrement incongru : il ne permet pas la congruence de deux ordres hétérogènes. Il ne respecte rien parce qu'il vénère tout en vrac, mêlant la profanation à l'apothéose : l'effigie du Pape est enchâssée dans une couronne de bigorneaux, Bouddha est un presse-papiers, inversement Zinédine Zidane est l'objet d'une statue en bronze argenté (vendue 3000€). Ainsi sont kitsch la villa Ephrussi de Rotschild à Saint-Jean Cap Ferrat, avec son bric-à-brac anachronique, la villa Kérylos à Beaulieu, à l'antiquité 100% reconstituée, les Cloysters à Manhattan, aux cloîtres en kit. C'est pourquoi le kitsch oscille dans son incongruité,

---

1. Jean-Charles de Castelbajac, robe graffiti en 1984, et ligne 2000.
2. Collection Hermès.

suscitant des émotions opposées, le mépris ou l'amusement, l'irritation ou l'émerveillement.

Le refus du kitsch discrimine les personnes de qualité des rustres, selon une sélection tout aristocratique. Un intérieur traditionnel peut bien être un indescriptible capharnaüm d'œuvres et bibelots rares, comprenant des choses parfois surannées, défraîchies, restaurées, mais elles seront toujours authentiques. La patine, cet « effet de démodé »[1], est l'indicateur de cette authenticité : la caresse du temps qui exprime un milieu choisi, une lignée continue. L'intérieur kitsch, en revanche, sent trop le frais. Il sent l'effort pour avoir l'air, pour faire grand genre, pour avoir la classe ! Le kitsch est toc, trop propre sur lui. Alors que la théière rococo de grand maman, héritée de l'illustre Tante Adèle, a un je ne sais quoi d'ébréché, ou quelque imperceptible fêlure lui conférant les marques d'un patrimoine, une théière kitsch, façon rococo, n'est jamais assez culottée pour avoir la délicate saveur de l'ancien. Le kitsch trahit le nouveau riche : il n'abuse pas son monde. D'ailleurs le marché de l'art ne s'y trompe pas. Des barbotines représentant des grenouilles ne vaudront jamais une porcelaine de Sèvres ou de Limoges ; un nain de jardin Heissner ne vaudra jamais un Zadkine.

Reprenons. Le kitsch fait riche : il est la bonne conscience des nouveaux riches délivrés de l'hégémonie aristocratique dont ils sont les liquidateurs[2]. Et la disqualification de médiocrité est sans effet sur cette bonne conscience. Valeur d'emprunt, le kitsch est déprécié comme comble du mauvais goût par les gens

---

1. Pour reprendre le mot de Proust, *A l'ombre des jeunes filles en fleurs*, Paris, Gallimard, 1987, p. 9.
2. Au sens économique le liquidateur est celui qui vend au rabais un stock obsolète.

55

de goût. Mais en même temps il plaît au plus grand nombre. Il est apprécié à deux titres.

En premier lieu, les rustres, à l'esprit lourd, au goût gâté, aiment leurs objets kitsch, témoins de leur réussite. Le kitsch devient donc le goût du parvenu puisqu'il doit affirmer ostensiblement les attributs de l'accès à la classe aisée, à savoir la détention des œuvres de référence. Certes, nous sommes dans les apparences qui se contentent des ressemblances, et dans un processus de mimétisme, mais peu importe car l'objet kitsch remplit la même fonction que l'œuvre originale : affirmer une distinction. Le David de Michel-Ange que j'ai dans mon jardin n'est pas en marbre de Carrare mais en plâtre de Castorama ; il n'est pas de Michel-Ange, mais de Taiwan ; il ne fait pas cinq mètres de haut, mais un mètre douze ; il n'a pas le sexe nu, mais recouvert d'une feuille de vigne [1] ; il n'est pas seul, mais entre une Vénus de Milo et une Vénus de Botticelli en résine. Vous raillerez mon goût de « plouc » (celui qui habite un *plou*, une paroisse en breton). Qu'importe ? Mon David me plaît ; c'est ma manière d'apprécier Michel-Ange ; c'est ma façon de montrer aux gens de *mon milieu* que j'ai de la culture. Vous penserez que je suis un parfait crétin. Vous aurez raison. Qu'importe ?, si je pense que le crétin est celui qui ne peut pas donner une âme à son jardin avec des sculptures. Même si mon sérieux effort de reconnaissance sociale est tenu pour ridicule par l'aristocrate esthète, il reste payant auprès de ceux qui vont prendre le kitsch au sérieux. Autrement dit, dans l'ordre de la psychologie sociale, même si le goût kitsch est disqualifié par la classe de référence dont on cherche l'adoubement, il produit néanmoins son effet de distinction au regard des classes égales

1. Cet accessoire de censure serait dû à Saint Charles Borromée.

ou inférieures inaptes à l'identifier comme tel et le recevant avec gravité. Dès lors, la satisfaction esthétique que j'éprouve relève d'un goût barbare (*barbarous taste*), au sens où l'entend Hume[1]. Ce n'est pas une qualité intrinsèque des choses, mais un attribut mobile dû à un écart d'appréhension entre le goût de l'un et le goût de l'autre, induisant *ipso facto* une réversibilité de la dépréciation. Si l'on ironise sur le caractère prétentieux et clinquant de mon goût kitsch, je rétorquerai en dévaluant le majestueux comme pompeux ou l'austère comme triste. Importe donc ici une sorte d'assurance en boucle : les objets kitsch assurent ma situation, du moins le crois-je, et j'en retire l'assurance de mon goût et de ma valeur au regard des personnes pour lesquelles ils paraissent être une valeur sûre.

En second lieu, Le kitsch est bien une esthétique bourgeoise : régie par le principe de parcimonie, qui veut obtenir le plus d'effet pour le moindre effort, l'objet kitsch brise le fétichisme de l'œuvre pour lui substituer celui de l'objet. Il comprend que la propriété de l'œuvre d'art était moins dans sa qualité interne, généralement attribuée au talent de l'artiste, que dans la fonction qu'elle remplit, à savoir être un substratum d'investissement affectif et de reconnaissance sociale. En effet, bon nombre d'œuvres d'art sont admirées non pas en tant qu'originaux, mais à partir de copies d'originaux. Dans l'histoire de l'art d'ailleurs, peu nombreux étaient ceux qui pouvaient admirer telle œuvre originale, déposée dans un palais princier, dans une chapelle papale, ou dans quelque cloître retiré. On admirait les fameux génies de l'art d'après leurs copies. N'oublions pas que Kant, si prompt à théoriser sur le génie, n'a jamais vu un

---

1. D. Hume, *Of the standard of taste*, 1757, § 1 ; trad. par M. Malherbe, *Essais et traités sur plusieurs sujets* – I, Essai XXIII, *De la règle du goût*, Paris, Vrin, 1999, p. 265.

Michel-Ange. Quant à Hegel, grand admirateur d'art, il vante les mérites du sculpteur florentin à partir d'une copie[1] et reconnaît, lors de sa visite au Louvre, découvrir tardivement des peintures originales qu'il n'admirait alors qu'à partir de gravures[2]. Combien de touristes s'extasient aujourd'hui devant une copie du *Laocoon*, dans la grande galerie du Palais des Offices à Florence, ignorant que l'original est au Vatican, si tant est qu'on puisse parler d'original pour une œuvre mutilée puis restaurée? L'œuvre d'art est à l'image de la pierre d'Héraclée dont parlait Socrate dans le *Ion* : si l'original est bien magnétique, le public n'a finalement affaire qu'à des substituts, pourtant chargés d'un même magnétisme. La vertu de l'œuvre n'est donc pas dans son originalité mais dans son *amabilité*, dans sa capacité à être aimée, qu'elle soit originale, copiée, fausse. Cette amabilité est due à la réputation de l'original, de sorte que le kitsch se satisfait du partage, non pas de l'œuvre, mais de son *aura* censée hanter les copies.

Faut-il en rester là? Faut-il se satisfaire d'une interprétation du kitsch en termes de symptôme distinctif?
Nous ne sommes pas ici en train de reprendre à notre compte les analyses de psychologie sociale établies par Bourdieu[3]. En effet, bien que ses observations soient remarquables de finesse, elles restent très liées à un contexte typiquement français. En particulier par sa référence constante au système scolaire public comme medium du goût et de l'éducation, alors que dans d'autres sociétés l'éducation ne se pense pas

---

1. *Esthétique*, t. 2, Paris, Librairie Générale Française, 1997, p. 204.
2. *Lettre à sa femme du 9 septembre 1827*, dans *Correspondance*, t. III, Paris, Gallimard, 1967, p. 163.
3. P. Bourdieu, *La distinction. Critique sociale du jugement*, Paris, Éditions de Minuit, 1979.

nécessairement dans l'horizon d'un système d'instruction publique. Ou encore par le souci de se distinguer qui relève d'une vieille tradition de la vanité, les Français insistant moins sur la vanité de l'existence (le *memento mori* cher aux Flamands) que sur celle de la représentation sociale (le théâtre du monde, également cher aux Italiens). Rousseau dénonçait déjà dans l'état civil la collusion des arts et du luxe, la volonté de distinction[1] et l'affirmation d'une préférence fondées sur l'esprit de comparaison, lui-même ancré dans l'orgueil[2]. Par ailleurs, Bourdieu aborde le kitsch dans le cadre d'un jugement de goût opératoire de distinguo, la lutte des classements socio-esthétiques étant une des modalités de la lutte des classes. D'où l'inscription de ses diverses études sur le goût et l'art dans la dichotomie entre bourgeois et populaire, le bourgeois regroupant les « fractions dominantes de la classe dominante »[3], donc dans la dichotomie entre dominants et dominés. Par conséquent, réduisant le kitsch à sa dimension « vulgaire » de « parent pauvre » du capital culturel, il en fait le signe distinctif du dominé. Or rien n'est moins sûr. Historiquement le kitsch est plutôt l'apanage de la nouvelle classe dominante, nouveaux riches dont les pièces rapportées sont certes prétentieuses, mais finissent malgré tout par constituer la réalité du marché d'agrément, de la grande diffusion aux produits de luxe, et par être le symbole de la puissance. La classe déchue, les aristocrates et leurs clercs associés, fait valoir son histoire et sa généalogie pour rétablir sa supériorité spirituelle et symbolique, et voit justement dans le kitsch — le goût et les choses —

---

1. Cf. *Lettre à d'Alembert* : le luxe comme cinquième préjudice.
2. Cf. *Discours sur l'origine de l'inégalité parmi les hommes*, seconde partie.
3. *Cf.* P. Bourdieu, *La distinction. Critique sociale du jugement, op. cit.*, p. 196, n. 8.

l'éclat d'une domination à laquelle elle ne peut se résoudre ni veut se rallier. Ainsi qualifier le kitsch de « vulgaire » c'est justement vouloir flétrir un ordre nouveau en le réduisant à sa condition d'origine, le peuple dans ce qu'il a de plus vil. Le kitsch porte donc en lui la tension de sa bâtardise, c'est-à-dire sa nouvelle autorité contredite par sa naissance présumée illégitime. Mais le nouveau riche n'a que faire d'une telle présomption, car il sait, depuis qu'est possible l'achat d'offices nobiliaires ou d'indulgences, que l'argent est le meilleur des pedigrees ou la meilleure des absoutes. Dès lors, bien que l'ancienne classe revendique pour elle, comme marque de sa puissance, son rapport au temps, c'est-à-dire son inscription dans un passé au long cours ou son art de vivre (contre l'urgence de l'agenda bourgeois), le temps joue en fait pour la classe montante, car son goût nouveau forme celui des générations à venir. Le kitsch est le triomphe de la ploutocratie, et non pas le substitut symbolique des dominés. Celui qui est kitsch dans l'âme est comme l'homme timocratique défini par Platon : « être à un plus haut degré étranger à la culture, quoiqu'il en ait le goût » [1]. Il attend des objets une gratification honorifique, en quoi il se trompe, mais sa puissance ascendante lui vaut le respect, en quoi il atteint ses fins.

Pourtant Bourdieu a bien vu la réversibilité du kitsch, tantôt placé dans le domaine des « horreurs » populaires, pacotilles attribuables à la classe immédiatement proche ou inférieure, faisant fonction de repoussoir qu'il faut stigmatiser pour affirmer sa distinction, tantôt placé dans le domaine des tendances réappropriables, les bâtardises du vulgaire en matière de goût devenant, au second degré, une aimable curiosité propre à

1. Platon, *République*, VIII, 548 e, trad. fr. L. Robin, Paris, Gallimard, 1950.

marquer l'ouverture de l'homme de goût[1]. Plus précisément, il voit dans le kitsch une technique de conversion employée par les fractions dominées dans la classe dominante, à savoir les intellectuels et les artistes, pour se constituer un capital symbolique privilégié :

> les intellectuels et les artistes ont une prédilection particulière pour les plus risquées, mais aussi les plus rentables des stratégies de distinction, celles qui consistent à affirmer le pouvoir qui leur appartient en propre de constituer comme œuvres d'art des objets insignifiants ou, pire, déjà traités comme œuvres d'art, mais sur un autre mode, par d'autres classes ou fractions de classe (comme le kitsch) : en ce cas, c'est la manière de consommer qui crée en tant que tel l'objet de la consommation et la délectation au second degré transforme les biens "vulgaires" livrés à la consommation commune, westerns, bandes dessinées, photos de famille, graffitis, en œuvres de culture distinguées et distinctives[2].

Certes le kitsch relève bien d'une *lutte pour le privilège*, soit une réactivation, consciente ou inconsciente, de l'esprit aristocratique. Certes intellectuels et artistes peuvent bien présenter des coquetteries savantes, qui mettent en exergue des productions médiocres le temps que dure une pointe d'esprit, mais cela reste de peu d'effet sur l'honorabilité de l'objet de leur prédilection curieuse. Ainsi Bourdieu force le trait en conférant aux intellectuels et aux artistes un pouvoir de consécration, ce qui est rien moins que douteux. Un intellectuel n'a pas le pouvoir magique de métamorphoser un faiseur en petit maître ni une camelote en pièce précieuse. Il en perdrait lui-même sa

---

1. Bourdieu, *La distinction. Critique sociale du jugement*, op. cit., p. 67, 336.
2. *Ibid.*, p. 321.

crédibilité parmi ses pairs et dans le monde de l'art. Ce n'est pas parce qu'un intellectuel écrit un article sur les « boules à neige » qu'elles deviennent des œuvres. Car la consécration vient d'abord d'un succès populaire que les intellectuels réfléchissent ensuite *a posteriori* en tant que fait accompli, parce qu'il est dans leur métier de penser leur époque. Elle provient également des marchands d'art, de leur clientèle aisée et avertie, comme des hommes politiques, l'intellectuel intervenant après-coup pour comprendre un état de fait. Louis II de Bavière et Napoléon III ont certainement beaucoup plus œuvré à la gloire du kitsch que Schopenhauer ou Taine. Nietzsche, à la fois intellectuel, artiste et contemporain du kitsch, fustige pourtant les productions de masse. La consécration découle enfin de la persévérance des artistes à défendre leur œuvre en évoluant humainement, techniquement et esthétiquement dans l'approfondissement de leur art. Le western fut reconnu, non pas parce que Sartre a avoué aimer le style (ce qui a peut-être induit une bonification pour le penseur mais non pour ce cinéma), mais parce que Ford, Hawks, Lang, Penn en ont fait un genre épique, qui a eu ses variations, son classicisme et sa dérision, voire sa dépréciation kitsch (le western-spaghetti). Le péplum, en revanche, est resté une sous-culture, malgré *Spartacus* de Kubrick, malgré l'hommage que lui a rendu Fellini, malgré tous les colloques académiques sur cette production populaire. Pour prendre un autre exemple de Bourdieu, ce n'est pas le graffiti qui est consacré, mais le post-graffiti, c'est-à-dire sa transposition sur des supports meubles (toiles, palissades, panneaux de métal) propre à constituer un genre plastique et graphique, le *street art*, propre à devenir une niche commerciale dans le marché de l'art, parce que des artistes arrivent à faire évoluer le genre. Le graffiti « sauvage » reste une pratique méconnue, et les quelques intellectuels qui s'y intéressent ne parviennent pas à en faire une valeur sûre de la décoration urbaine...

Pourtant il y a bien une réversibilité inhérente au kitschesque[1]. Est-elle une affaire de point de vue? Platon notait dans la *République* qu'un régime peut être qualifié laudativement ou péjorativement selon qu'on prend le point de vue du bien des gouvernés ou celui du bien des gouvernants, comme l'aristocratie se retourne en oligarchie. Pourrait-on dire de même que le kitsch serait péjoratif ou laudatif selon le statut de l'observateur?

Comment l'objet kitsch peut-il donc devenir œuvre d'art? Comment la sous-culture, le produit de substitution, le simili, l'enflure peuvent-ils se convertir en morceau choisi digne d'être transmis? D'aucuns parlent de second degré. Pris au «second degré» l'objet kitsch deviendrait œuvre. Cette formule «au second degré», qui est souvent le masque d'une argumentation lacunaire, reste obscure et douteuse. Obscure car on ne sait si ce degré second désigne une réflexivité, une ironie, une antiphrase, de l'humour, s'il porte sur la signification ou sur le référent, s'il concerne les intentions du locuteur ou celles du récepteur. Douteuse, car c'est bien plutôt l'attachement affectif à l'objet dans lequel on se reconnaît qui lui confère un statut d'œuvre. C'est ce qui est bien observé dans la satire de mœurs *Le dîner de cons*[2]. François Pignon, allumettophile de haut vol, donc sot malgré lui, présente ses maquettes en allumettes, dont une pharaonesque Tour Eiffel, à Pierre

---

1. Par ce néologisme nous voulons signifier ce qui présente les propriétés du kitsch. Le suffixe « esque », qui peut avoir un sens tantôt dépréciatif tantôt laudatif, marque une idée de démesure, de caprice et de fantaisie.
2. Francis Veber, *Le dîner de cons*, 1998, Gaumont, 1h 16mn.

Brochant, éditeur bourgeois, donc golfeur et oenophile, et sot sans le savoir. L'éditeur, jouant avec ses amis et pairs, feint, au second degré, de vouloir faire un livre sur les œuvres de Pignon. Ce dernier, qui est donc un sot, croit au premier degré que ses maquettes sont reconnues comme œuvres. Le statut d'œuvre de l'objet kitsch peut ainsi être au premier degré ou au second degré selon la crédulité des uns ou l'ironie des autres. Il ne dépend pas du statut social du juge, comme si le bourgeois s'amusait ironiquement à tenir pour œuvre ce qu'il estime en son for intérieur n'être qu'un sous-produit d'une sous-culture. Car à l'idée d'œuvre est associé, qu'on le veuille ou non, un coefficient de qualité qui accroît le prix de l'objet, et comme le bourgeois ne veut pas perdre son investissement, il ne veut donc pas surpayer ce qu'il sait dépréciable. Dans la comédie mondaine, il peut donc s'amuser à tenir un temps l'objet kitsch pour une œuvre en tant que décor lié à une mode. La mode est cette jouissance que nous nous accordons de céder à des plaisirs éphémères, dans une fièvre enjouée ou une inquiétude risible, comme si le destin du monde dépendait d'un bouton sur une martingale ou de la couleur d'un bas. Mais en ce cas, l'objet kitsch, surévalué le temps d'une mode, retombera dans sa médiocrité dès que la mode passera à un autre style.

Ce statut d'œuvre dépend, dans ce genre d'occurrences, de l'intérêt que représente la chose, et cet intérêt est fonction de la reconnaissance qu'elle procure. Ici ce n'est plus de reconnaissance passive dont il s'agit (être respecté par autrui), mais active (se reconnaître comme –). Le kitsch n'est plus l'image d'une dignité qu'on veut acquérir, mais celle d'une identité que l'on se donne. C'est parce qu'un esprit simple se reconnaît dans sa collection de boules à neige ou de statuettes de vache que sa série fait œuvre pour lui, exposant avec fierté telle boule rare qui lui a coûté des recherches et de l'argent, telle vachette *collector* parce qu'elle a un défaut de fabrication, etc. Certes, ces boules ou ces vachettes ne sont pas des *netsuke* ni des antiquités de marine, elles n'ont pas la légitimité de l'instrument, mais elles relèvent d'un même esprit d'accumulation, de discrimination, de hiérarchisation, de conservation et de sacrifice. C'est ici la motivation qui investit l'objet d'une *aura* d'œuvre.

Tout kantien sera hérissé par cette idée qu'un intérêt puisse constituer un objet en œuvre d'art, et n'admettra au mieux à la chose kitsch qu'une appartenance aux arts d'agréments, mais non aux beaux-arts[1]. Dans l'opposition entre le goût authentique (*echt*) et le goût brut (*roh*)[2] Kant placerait le kitsch dans le goût barbare (*barbarisch*)[3], celui qui, faute d'éducation, mêle la satisfaction esthétique d'attraits et d'émotions. Ce goût barbare est justement « simplement compétitif », l'esprit de rivalité poussant chacun à « se montrer à son avantage » au regard des étrangers[4]. L'objet d'un tel goût ne peut donc, kantiennement parlant, être une œuvre d'art mais seulement un objet de mode. Et il est vrai que le kitsch induit des comportements qui ont toutes les propriétés du goût à la mode[5] : recherche de la nouveauté pour la nouveauté jusqu'à l'extravagance et l'horreur, esprit de rivalité par la volonté de se distinguer, de jouer à la personne de rang et de l'emporter sur les autres, imitation des autres pour ne pas être en reste, obéissance au goût de la

1. *Cf.* Kant, *Kritik der urteilskraft*, Hamburg, Felix Meiner Verlag, 1990 ; *Critique de la faculté de juger*, trad. par A. Philonenko, Paris, Vrin, 1974, p. 136-137.
2. *Ibid.*, § 14.
3. *Ibid.*, § 13.
4. Kant, *Anthropologie du point de vue pragmatique*, livre II, B, § 67, trad. par M. Foucault, Paris, Vrin, 2002.
5. *Ibid.*, « Remarques anthropologiques sur le goût », § 71.

majorité, règlement des couches sociales les plus basses sur les gens de cour, vanité généralisée.

Une telle objection moralisatrice, qui refuse à l'objet kitsch de pouvoir devenir œuvre d'art, donc d'appartenir aux beaux-arts et de devenir un style ou une école, suppose que les beaux-arts possèdent pour fin immédiate le sentiment de plaisir et que ce plaisir accompagne des représentations comme modes de connaissance. Ils ont ainsi « une finalité pour eux-mêmes »[1] qui ne saurait être confondue avec les objectifs parasites que sont la volonté de paraître ou l'appât du gain. Le problème est que les beaux-arts n'ont jamais correspondu à cet autotélisme qui est une exigence de la raison pure mais non une pratique artistique. En écrivant en 1747 *L'offrande musicale*, Bach produisit une remarquable combinatoire, tout comme il accomplissait ses devoirs de courtisan auprès de Frédéric II. Léonard de Vinci, dont Kant vante le génie[2], tenait des livres de compte et n'hésitait pas à appliquer sa maîtrise du dessin à l'art de la guerre, à des fins mercenaires. L'idée d'un art au goût pur, éduquant l'âme, est un vœu pieux qui satisfait le narcissisme des artistes, donne des arguments aux critiques, absout les marchands d'art, apaise le philosophe idéaliste, mais qui est une tartuferie voilant la réalité du métier d'artiste.

Reconnaissons donc qu'un objet est tenu pour œuvre d'art suite à une construction sociale et historique. Dès lors rien n'empêche que les produits kitsch, faisant système dans une recherche d'identité et de dignité, deviennent œuvres d'art ès-qualités. Après tout, il ne serait pas incompréhensible qu'un produit de masse devînt un produit culturel, voire un bien

---

1. Kant, *Critique du jugement*, § 44.
2. *Cf.* Kant, *Anthropologie*, § 13 et § 57.

culturel, comme les pochettes des disques vinyle de rock ont fini, par le biais des collectionneurs et des effets générationnels, par devenir l'image d'une histoire des mœurs et des goûts. Mais il semble aberrant qu'un produit trivial ou qu'une copie composite puisse intégrer le domaine réservé du grand art. S'agit-il d'une imposture qu'il faudrait dénoncer, ou inversement d'une redéfinition des champs artistiques? Comment la conversion du kitsch en bel art est-elle possible?

Une première réponse reviendrait à reconnaître un effet d'arbitraire. Ce pourrait être l'aval d'un critique dont l'autorité aurait pour effet de consacrer un type d'objets. Ou le décret d'un artiste. Ici encore Jeff Koons est une référence obligée. Cet ancien *trader*, qui considère que l'art est un vecteur privilégié de *merchandising*, retient des marchandises de bazar qu'il confie à son agence de production pour qu'elle en fasse un objet différent, flatteur pour l'œil et pour l'acheteur. Jeff Koons a appris de Duchamp qu'il n'y avait pas de lien substantiel entre la valeur intrinsèque d'une œuvre d'art, sa valeur symbolique, sa valeur historique et sa valeur marchande[1]. Il a appris de Warhol comment devenir non seulement un « artiste commercial » mais plus encore un « artiste d'affaires »[2] grâce à l'exploitation méthodique d'images populaires montées en œuvres d'art dans un bureau, à la fois atelier de production

---

1. La valeur intrinsèque est donnée par la qualité des matériaux, le métier et le talent de l'artiste, la qualité esthétique du rendu, la dimension spirituelle à laquelle l'œuvre prétend; la valeur symbolique est liée à un usage social (religieux, politique, sociologique); la valeur historique est la fécondité artistique et la portée intellectuelle reconnue par les successeurs; la valeur marchande est déterminée par le marché de l'art public ou privé. Ces valeurs peuvent fonctionner ensemble, par combinaisons partielles, ou chacune indépendamment.

2. *Cf.* Andy Warhol, *Ma philosophie de A à B et vice-versa*, ‹1971›, Paris, Flammarion, 2007, p. 79.

et entreprise de promotion. Dans son art d'affaires, Koons a compris que la première des motivations d'achat d'œuvres artistiques était la *fétichisation*, non seulement parce que le fétichisme est concomitant à l'apparition des beaux-arts, comme le notait Auguste Comte[1], mais encore parce que les collectionneurs prêtent leur âme à des objets dans lesquels ils investissent leur énergie.

Or l'objet kitsch a tous les caractères du fétiche : être un corps quelconque auquel on prête une puissance extraordinaire, être une immédiate consécration de la matière. Qu'est-ce qui fait qu'une porcelaine représentant Michael Jackson, intrinsèquement égale à n'importe laquelle des céramiques qu'on trouve dans les jardineries pour servir de décoration de jardin, et qui n'a pas été faite par la main de l'artiste, devient une œuvre d'art institutionnelle ? Est-ce parce que le *Homard* est agrandi et en aluminium qu'il fait plus art qu'un ballon de fête foraine ? Bien évidemment les détracteurs de Jeff Koons dénoncent une imposture. Autant dans les sculptures de Ron Mueck la dimension monumentale crée un sentiment d'inquiétante étrangeté et confère à l'œuvre une immédiate présence spirituelle, autant dans celles de Jeff Koons elle est le seul élément différentiel entre l'art revendiqué et un produit courant.

Pourtant il ne suffit pas de crier à la supercherie ni de dire que ces objets s'adressent à la crédulité des nouveaux riches du néo-libéralisme. Si la céramique *Michael Jackson* est crédible c'est qu'elle répond aux attentes du public. Force est alors de reconnaître que, contrairement à Moore ou Chillida qui conçoivent des sculptures ayant une valeur intrinsèque par leur prétention spirituelle et par le métier de sculpteur dont elle

---

1. A. Comte, *Physique sociale*, 50ᵉ leçon, Paris, Hermann, 1975, p. 255.

font montre, les pièces de Koons ne valent que par l'indice de provocation dont elle sont censées être l'affirmation récurrente et réitérée (d'ailleurs l'exposition de ses œuvres à Versailles fait partie de cette stratégie de provocation réactivée). Nous ne savons pas si Jeff Koons a lu Bourdieu, ni s'il en a cure, mais il arrive à concilier ce que le sociologue tenait pour une contradiction interne à la classe dominante : un art de contestation symbolique, correspondant à l'idéologie artistique d'un art engagé, et un art de la dénégation de la réalité sociale apprécié par la bourgeoisie soucieuse de renforcer la bonne opinion qu'elle a d'elle-même. Jeff Koons présente un art de la bourgeoisie heureuse, contestant le caractère tragique de l'existence par des images *fun*. En cela son œuvre est provocante. Toutefois elle ne provoque pas le bourgeois — et comment *un entrepreneur de l'art* pourrait-il ne pas être applaudi par ses pairs chefs d'entreprise ? —, mais les idéologues de la contestation. Il s'agit d'un art de la rupture néo-libérale. En effet, *Made in Heaven* usait habilement d'une apparence de provocation libertine en habillant des photographies pornographiques d'un décor kitsch de première communion, et la version disponible sur le site web de Jeff Koons a effacé toute image trop explicite, réduisant le *porn-art* à une imagerie libertine politiquement tolérable.

Le kitsch acquiert ainsi une légitimité et une autorité moins par l'effet d'un arbitraire (qui, comme, tel a toutes les peines du monde a s'établir en règle commune) que par un désir de kitsch, la bourgeoisie étant prête à mettre le prix pour avoir le frisson de s'encanailler avec des objets et des images à deux sous. Bien qu'ici le kitsch soit encore la bonne conscience de la bourgeoisie, c'est pour une autre raison. Il ne s'agit plus d'une compétition gagnée contre l'aristocratie, affirmant le goût douteux d'une origine populaire, mais d'une compétition gagnée contre le prolétariat, affirmant un goût de luxe en se donnant l'alibi de la classe populaire. Il s'agit bien ici de kitsch, non pas comme goût populaire qui ferait du simili riche, mais inversement comme goût bourgeois qui s'amuse du simili peuple.

Nous avons vu jusqu'ici deux niveaux d'œuvres kitsch :

– l'œuvre d'art décoratif ou de beaux-arts kitschifiée par la présence en elle d'éléments ou de caractères estimés kitsch, comme le style composite, des matériaux bon marché, une imagerie populaire et chromo;

– l'objet kitsch, banal, populaire, grotesque, exhaussé au rang d'œuvre comme production *ad hoc*.

Ainsi la bourgeoisie du XIXe siècle faisait du kitsch le symbole de sa puissance indéfinie; celle du XXIe en fait le fleuron de sa spéculation.

Cependant nous voyons bien que cette inversion de valeur du kitsch, de péjoratif en laudatif, n'est pas vraiment motivée par le seul décret de tel ou tel représentant d'une classe sociale, cet arbitraire n'étant pas une raison suffisante. Une autre voie se dessine si l'on examine le statut de la *chose* kitschifiée. Car, en fait, le kitsch comme demande d'habilitation ou de réhabilitation abolit la frontière entre objet et œuvre. Prenons pour exemple le nain de jardin qui peut recevoir tous les statuts.

Produit par la société Heissner ce sera une céramique bassement décorative, au ras des pâquerettes, propre à métamorphoser au premier degré mon jardin en paradis[1].

Réalisé par le *designer* italien Beppe del Greco, ce sera un objet des arts décoratifs, et conçu par le *designer* Starck, le *Gnome*

---

1. La devise de la société Heissner est *Alles Gute für Ihr Paradies*.

Attila polychrome ou le *Gnome Napoléon* doré sera un décor ludique, donnant à mon extérieur une «touche décalée» par son «côté kitschissime» [1]. Le kitsch étant déjà une marque d'ostentation, le kitschissime doit friser l'explosif... Il est clair que le nain de jardin est ici un signe extérieur d'ironie dont le second degré revendiqué est censé marquer la différence sociale entre les prolétaires qui aiment naïvement les nains de jardin et les bourgeois libéraux qui s'en amusent. Ici l'objet «nain» fonctionne comme un *séméion* : il doit indiquer sa provenance estimable (la créativité du styliste à la mode), discriminer une appartenance sociale non pas par la forme de l'objet mais parce qu'on en reconnaît la provenance estimable, signifier l'esprit distancié de son propriétaire. Un tel *séméion* fonctionne dans un groupe donné selon un principe de connivence entre pairs.

Réalisé par l'artiste autrichien Thomas Aigelsreiter, plus connu sous le nom d'Auge [2], un tel nain sera un objet de décoration intérieure, produit industriellement, faisant partie de la collection *Private hero* de la société de design Ritzenhoff. Ce sera une œuvre d'art par assimilation pour autant que son dessinateur est identifié comme artiste. La question restant alors de savoir quel degré d'art reconnaître à un illustrateur.

Enfin cet objet kitsch sera une œuvre d'art de plein droit s'il est intégré dans une composition originale. L'installation réalisée par Patrick van Caeckenbergh dans le parc de Bagatelle [3]

---

1. Arguments de vente sur le site web de Philippe Starck.
2. Né en 1972. Auge est à la fois illustrateur, auteur de bandes dessinées et réalisateur de films d'animation.
3. Patrick van Caeckenbergh, *La tombe*, 1986-1988, technique mixte, présenté au Parc de Bagatelle, Paris, 2000.

reprend des objets quelconques : six nains et une boîte de crayons de couleurs Caran d'Ache.

Une même chose, tantôt vendue dans une jardinerie, tantôt exposée dans un Salon, aura ou non le statut d'œuvre d'art. L'art kitsch ne produit donc pas des choses singulières : il convertit des choses triviales en œuvres selon une conception institutionnelle de l'art (est art ce qui est homologué par ceux qui déclarent en faire profession). Dès lors il efface le clivage entre avant-garde et arrière-garde. Autrement dit, le devenir œuvre d'art du kitsch s'opère à plusieurs niveaux. Tout d'abord comme matériau : les choses recensées comme décoration kitsch (comme les nains de jardin, les poubelles en peluche rose, les stylos Vahiné, etc.) sont utilisées comme matière première propre à subir un détournement d'objet. En ce cas une composition est œuvre d'art comme arrangement original et innovant, et c'est une œuvre kitsch par les matériaux remployés, identifiés initialement comme kitsch selon les paramètres des productions de masse. Ensuite comme procédure de transformation d'une composition ordinaire en situation kitsch, soit une kitschification. Des choses ordinaires peuvent n'avoir aucun aspect kitsch : un chapeau de paille, un foulard à carreau, un ciel bleu avec des nuages blancs, un paysage agreste, un paysan. Pourtant, arrangés par les artistes Pierre et Gilles, tous ces éléments vont « faire kitsch » au sens radical : ils vont faire du kitsch, ils vont kitschifier. Pierre Commoy, le photographe, produit des photographies aux contours nets, immédiatement lisibles; Gilles Blanchard, le peintre, choisit des couleurs saturées, volontairement chromo. La mise en scène place au premier rang un parterre de fleurettes aux couleurs vives, et en arrière-fond un ciel de printemps. La posture du jeune paysan, solide gaillard nu en pleine miction, une pâquerette aux lèvres, est un pastiche gay du *Manneken piss*. Ils détournent ainsi une scène idyllique, dans la tradition des «bergers», en image sciemment kitsch. Il s'agit donc bien d'une œuvre d'art originale, une photographie composée riches de références artistiques ou sociales, kitschifiée par une sorte de signalétique empruntant au kitsch son vocabulaire esthétique.

Nous voyons donc que ce n'est pas le kitsch qui fait de l'art, mais inversement l'art qui fait du kitsch, l'art contemporain qui s'approprie des objets, des effets, des figures, en particulier l'hyperbole. C'est pourquoi «trop kitsch» est même une sorte de redondance, et «kitschissime» est une façon kitsch de parler du kitsch, avec affèterie et superfétation.

les attributs du kitschesque

Le monde du kitsch commençant à être mieux délimité, et son principe de réversibilité apparaissant mieux, nous pouvons en spécifier les propriétés. Faut-il se contenter de tenir le kitsch comme un concept négatif de la qualité, et en ce sens l'inclure dans la catégorie du jugement comme mauvais goût (comme appréciation naïve de la mauvaise qualité), ou le voir comme le symptôme d'une perte? Gadamer, s'interrogeant sur le devenir de l'art après Hegel[1], ou plutôt après l'autodissolution (*Selbst-Auslösung*) de l'art pensée par Hegel, y voit le symptôme d'un désappointement. Si le kitsch est une œuvre de moindre qualité, la réciproque n'est pas exacte. Une œuvre ratée peut être médiocre sans être kitsch. Quels sont donc les attributs du kitsch? Pour répondre, Gadamer n'en fait pas plus une

---

1. H.-G. Gadamer, *L'héritage de l'Europe* [1989], Paris, Payot, 1996, p. 62 *sq.*

catégorie d'objets. Le kitsch est un phénomène historique qui a des conditions sociales et intellectuelles. La modernité et *a fortiori* la post modernité se caractérisent par la perte de la participation à la chose commune qui rend possible une solidarité dans la réception. La dissociation entre l'art et le beau fait que l'expérience commune n'est plus le présupposé du rapport à l'art. Plus encore les symboles de la vie commune, que pouvaient être les effigies politiques ou religieuses, n'opèrent plus comme unificateurs. Dès lors, le kitsch réactive à sa façon une forme de réception commune, non plus comme un prérequis, mais comme un objectif. La trivialité de l'objet kitsch, mis en regard de la noblesse de la belle œuvre, n'est donc pas une déchéance de l'esprit, mais une reconstitution de l'espace public. Ce qu'on tient péjorativement pour de la facilité ou de la naïveté est une forme d'évidence propre à satisfaire un désir de communauté. Loin de l'art paysan, dont la naïveté est l'expression même d'une vie commune, loin de l'art classique qui se veut aussi porteur d'une culture commune, loin de l'art moderne dont le souci de dislocation des attendus et conditions de l'art classique a ruiné toute possibilité d'un sens commun par la belle œuvre, le kitsch est un phénomène né des ruines de cet art moderne. Il est la résolution dialectique de la tension historique entre un besoin de communauté et la destitution de la belle œuvre. Ainsi le *glamour* remplace la *splendor veritatis*, et le *fun* fait office de joie.

Dès lors, si le kitsch n'est pas simplement une rubrique esthétique ou une catégorie d'objets, mais un phénomène historique, notre société est alors traversée de kitsch. Ce qui, en un sens, est rassurant. Ainsi, au lieu de vitupérer contre *l'entertainment*, comme ère du vide, règne de l'insignifiant, désert culturel en progression, il faudrait plutôt y voir la recherche de la fête comme moment de la concorde et de la fraternité publique, au sens où Rousseau faisait l'éloge des modestes fêtes publiques contre la pompe du théâtre et de l'opéra, de l'enjouement populaire contre l'acidité mondaine[1]. Une société ouverte à la mondialisation ne peut plus prétendre détenir le meilleur modèle social au monde, ni tenir ses valeurs pour absolues. Peut-elle même encore maintenir un seul modèle social selon un objectif d'intégration, ou ne doit-elle pas envisager des modèles sociaux à géométrie variable ? Un film de Bolywood, avec ses couleurs criardes, avec ses chants et ses danses saugrenues, sautant allègrement des rues de Delhi aux Alpes suisses, avec son affiche bigarrée, sera jugé comme kitsch. Il permettra de réunir dans une même joie un immigré Cingalais comme une bourgeoise parisienne, même si c'est pour des motifs différents et au nom d'interprétations différentes. L'un y retrouvera une couleur locale qui lui manque, quand l'autre y trouvera un dépaysement amusant. Le kitsch vaut donc par sa fonction de fédérateur, même si une telle concorde n'est obtenue que par une confuse intersection d'intérêts divers.

À observer l'objet kitsch dans tous ses états nous trouvons dès la fin du XIXe siècle des attributs du kitsch : le changement de format, de matériau, de finalité, de fonction. Ce type de bibelot doit faire office de souvenir, ce qui requiert bien évidemment un original de notoriété nationale, voire internationale, ou un

---

1. Cf. *Lettre à d'Alembert* [1758], Paris, Garnier, 1967. Mais, à l'ère de l'industrie du divertissement qui fabrique des fêtes de masse, programmées par des experts en communication et en ingénierie culturelle, peut-on encore identifier des fêtes authentiquement populaires ?

objet supposé bien connu. L'objet kitsch est en ce sens un produit dérivé : il n'est pas authentique, mais est une manière de profiter de l'*aura* de l'original pour le déplacer, grâce à un mode de production en masse, sur d'autres supports, vers d'autres matériaux, sous d'autres formats. En ce sens, il est le résultat d'une *variation*. En musique on distingue plusieurs modalités de variations, selon qu'on modifie la mélodie, le rythme, l'harmonie, l'ordre d'écriture, la transposition, qu'on ajoute des ornements, etc.

Pour l'objet kitsch nous pourrions trouver les variations suivantes, l'intensité du kitschesque étant proportionnelle au nombre de variations accumulées.

En premier lieu, le kitsch est une reproduction. Il fait partie de la grande tradition de la copie, c'est-à-dire de cette appropriation d'un modèle par répétition. Comme l'homme kitsch va vouloir marquer sa différence, cette copie sera infidèle. Mais comme il n'y a pas d'intention de tromper, même si l'on veut épater, cette imitation n'est pas une contrefaçon, mais relève plutôt de la caricature à cause d'une amplification des traits originaux.

En second lieu, le kitsch altère le matériau, passant d'une matière noble à un sous-produit. Le laiton se substitue à l'or, la peinture chromée supplante le platine, les marbres deviennent des trompe-l'œil, et le plastique remplace l'airain, l'ivoire ou la nacre. Les essences rares sont épargnées au profit des bois ordinaires, dûment teintés. Le kitsch se félicite de produire à l'économie pour un effet similaire. L'imitation et le mélange de matériaux parfois hétéroclites produit un objet de style composite.

En troisième lieu, ce moindre coût matériel permet d'accroître les quantités. On passe d'unités artisanales à des volumes industriels. Le kitsch est ainsi une production de masse, ou en tout cas pourrait l'être. Cette production de masse s'aligne sur le goût de la masse. D'où des biens accessibles financièrement, intellectuellement, socialement, même si actuellement le style kitsch reprend les règles du marché du luxe, à savoir jouer de la raréfaction pour faire augmenter les prix.

En quatrième lieu, le kitsch change de format en jouant sur le gabarit de l'œuvre originale. Cela peut se faire en augmentation : on accroît la taille de l'objet, par exemple, *Hanging Heart* de Jeff Koons, un cœur de deux tonnes et près de trois mètres de haut ; cela peut aller jusqu'au colossal. Cela peut se faire en diminution : on réduit la taille de l'objet, par exemple une Statue de la Liberté ou une Tour Eiffel de 15cm de haut ; cette réduction peut aller jusqu'à la miniature d'un porte-clés.

En cinquième lieu, on change le contexte. Ainsi le sacré devient profane : la Dame Blanche de Lourdes devenant une statuette fluorescente la nuit, la tête du Pape se retrouve en porte-crayons. L'exotisme est ramené à du bien connu, le primitif à du civilisé, ou inversement : des motifs aborigènes ornent un paillasson. Jeff Koons a une prédilection pour ce genre de déportation de sens : on ne peut dire du *Highland Terrier*, sculpture florale qui orne le musée Guggenheim à Bilbao, s'il relève de l'art topiaire, en tant que sculpture végétale, ou de la sculpture monumentale, puisqu'il ne se trouve pas dans un jardin, mais sur une place minérale ; ou encore son *Homard* colossal placé dans un appartement de Versailles.

En sixième lieu, le support : c'est le principe du transfert qui considère une œuvre comme un simple motif décoratif, valable en lui-même, et déplaçable sur quelque support que ce soit. Par exemple, les *Demoiselles d'Avignon* de Picasso ornent une cravate ou un parapluie, *Vénus sortant des eaux* de Botticelli devient une carafe d'eau, un buste de de Gaulle est métamorphosé en foyer de pipe.

En septième lieu, le kitsch va altérer les couleurs. Il a une prédilection pour le rose et le bleu, couleurs d'une belle aurore et du ciel serein, et pousse les couleurs à saturation. Le tout est de donner de l'éclat. D'où le recours fréquent à toutes sortes de surfaces réfléchissantes ou réfringentes (paillettes, miroirs, strass, etc.).

En huitième lieu, le kitsch intervertit l'utile et l'agréable, l'utilitaire et le spirituel en les mélangeant. Dans ce domaine l'inventivité humaine semble illimitée. Un Parthénon en pâte à sel fait un superbe thermomètre. *Le déjeuner des canotiers*[1] fait un tapis de souris du meilleur goût. Un téléphone en fourrure rose fuschia devient terriblement sensuel. Des verres à moutarde Astérix ou, même mieux, Tintin appartiennent aux pièces de collection pour connaisseurs.

En dernier lieu, le kitsch se tient sur la ligne de partage entre les produits culturels, qui relèvent d'une industrie des loisirs, et les biens culturels, qui tiennent à un patrimoine national, entre marché de l'art et monde de l'art. Comme phénomène social, anthropologues, sociologues et esthéticiens l'analysent, le tiennent en considération, et par là même contribuent à sa légitimité. Le kitsch n'est pas une perte de sens, mais un choc de significations, à l'image de la tectonique des plaques, une nappe de sens venant surgir dans les sillons d'une autre pour dire autre chose autrement. En ce sens les boutiques des musées sont des hauts lieux du kitsch puisqu'elles sont le bazar de la copie, du détournement, du transfert; le domaine de l'esprit devient marchandise.

1. Auguste Renoir, *Le déjeuner des canotiers*, 1881, Washington, Philipps collection.

Mais en rester à l'objet ne suffit pas, dans la mesure où le kitsch englobe une manière de vivre, voire une vision du monde. C'est pourquoi Abraham Moles repère dans le kitsch plusieurs constantes[1] articulant des propriétés de l'objet, des jugements de valeur et un mode d'existence :

— l'inadéquation : le kitsch se caractérise se caractérise toujours par un écart plus ou moins prononcé entre une annonce ou une intention et son état de fait ;

— l'accumulation : le kitsch demande et propose toujours plus, dans une superfluité quasi frénétique, ce qui lui permet de se raccrocher au maniérisme ou au rococo ;

— la perception synesthésique : le kitsch, en fonction de l'accumulation, associe le plus possible de canaux sensoriels de façon simultanée ou concomitante ;

— la médiocrité : par cette accumulation de moyens, le kitsch reste dans une course à la nouveauté, s'oppose à l'avant-garde, et reste un art de masse, acceptable par elle et proposé à elle comme un système ;

— le confort : le kitsch est accessible, peu exigeant, et est propice à la *Gemütlichkeit*, cette atmosphère douillette dans laquelle on se sent bien.

kitsch et art modeste

Une autre manière de saisir la nature labile du kitschesque serait de l'examiner à partir de son faux-semblant ou de son faux frère.

Le kitsch et l'art modeste peuvent-ils se confondre ? Un tel rapprochement pourrait sembler évident dans la mesure où de

---

1. A. Moles, *Psychologie du kitsch : l'art du bonheur*, Paris, Denoël et Gonthier, 1977, p. 60-66.

nombreux points paraissent communs. D'abord l'origine populaire de ces deux formes d'expression, et incidemment le rapport à une production de masse. Ensuite, dans les deux cas il s'agit de pièces récupérées, détournées, agencées dans un autre ordre et ayant souvent une fonction décorative. En outre, le kitsch et l'art modeste jouent sur les sentiments des spectateurs. Enfin, ils donnent également lieu à deux types de pratiques, l'un spontané à visée immédiate, l'autre plus réfléchi, supposant un métier artistique.

Pourtant Hervé Di Rosa prend bien soin de distinguer ces deux genres[1], et dans toute sa cartographie précisant la topologie et les voisinages de l'art modeste, le kitsch n'y est pas mentionné. Ces deux genres ne doivent donc pas être confondus.

La finalité n'est pas la même. En effet, le kitsch peut fort bien n'être pas modeste, au sens où il se déploie dans un milieu immodeste à des fins présomptueuses dans une ambiance somptueuse. En revanche l'art modeste est une expression populaire, venant du peuple et adressée au peuple. Il ne cherche donc pas à épater une classe sociale supérieure. Il n'exprime pas une demande de reconnaissance, mais une promesse de sociabilité. Il n'est pas la projection d'un individu hors de son milieu pour changer de monde, dans un décalage entre l'origine et l'arrivée ou entre la formation et l'ambition, mais il est la manifestation souriante d'un milieu satisfait d'être ce qu'il est comme il est. En cela le type de sourire n'est pas le même. Le bonheur kitsch est une forme de soulagement gagné sur un certain renoncement à son passé, tandis que la joie de l'art modeste est un accord avec soi-même. En cela cet art est bien lourd de nostalgie : il est l'émotion due au ressouvenir et à la

1. H. Di Rosa, *L'art modeste*, Paris, Hoëbeke, 2007, p. 24-27.

recollection de ce que l'on fut par ce que l'on a aimé. Il n'est donc pas chargé par cette crise d'identité dont le kitsch se veut la résolution épatante après un effort préalable pour se déprendre de soi-même. Au contraire il est l'anamnèse d'une identité constante dont on ne veut pas se départir. Le kitsch veut assumer l'avenir d'une belle situation; l'art modeste assume le passé d'une condition populaire.

En outre les moyens divergent. Le kitsch et l'art modeste peuvent bien employer des objets manufacturés, mais le second a bien souvent l'aspect artisanal du travail soigné quand il produit un article unique, fait avec cœur. Quand il récupère des objets fabriqués, voire des gadgets, ce n'est pas pour définir ou prolonger un statut de gadget, mais pour en faire des révélateurs de mémoire, des réanimateurs d'habitudes enfouies. L'œuvre modeste agit à la manière de la madeleine de Proust ou, pour reprendre une référence proustienne, comme ces *origami* qui, au contact de l'eau, se déplient, se déploient. L'art modeste porte les traces de l'enfance et les réordonne en un système de signes, à l'instar des vitrines de Bernard Belluc[1] qui agencent tel ou tel segment de notre mémoire (l'école, le goûter, l'histoire de France, « les gars en chocolat, les filles à la vanille ») par une accumulation régulée de fétiches. Ce que tout un chacun prenait pour une lubie personnelle, pour un attachement intime (les distributeurs de bonbons *Pez*, les couvercles de boîtes *Vache qui rit*) devient par l'effet d'accumulation un lieu de mémoire nationale. À l'inverse, le kitsch part d'une imitation, d'une pièce inauthentique pour en faire un objet de parade.

---

1. Bernard Belluc, *Installations*, collection permanente du Musée International des Arts Modestes (MIAM), Sète.

D'où des conduites humaines en miroir. L'art modeste représente la maturité responsable de l'adulte assumant ses enfantillages à la manière de Rimbaud qui assumait son histoire : « J'aimais les peintures idiotes, dessus de portes, décors, toiles de saltimbanques, enseignes, enluminures populaires; la littérature démodée, latin d'église, livres érotiques sans orthographe, romans de nos aïeules; contes de fées, petits livres de l'enfance, opéras vieux, refrains niais, rythmes naïfs »[1]. Au contraire le kitsch figure la régression puérile de l'adulte en construction, en quête d'un regard approbateur.

Enfin, le contexte spirituel et existentiel n'est pas le même. En effet, le kitsch se débat dans la question du goût, bon ou mauvais. Si originellement il était disqualifié comme médiocre par la résistance du bon goût de la bonne société au mauvais genre des parvenus, une lutte pour la reconnaissance parvint à inverser cette évaluation. Ainsi ce qui au mieux était une forme de condescendance de la part de ceux qui finirent par tolérer le kitsch, céda la place à une forme de dérision de la part de ceux qui se targuent d'être néo-kitsch[2]. Or, selon Hervé Di Rosa, l'art modeste se tient hors de cette controverse sur le goût et sur la valeur esthétique ou sociale de l'objet. Comme son nom l'indique, et contrairement au kitsch, il n'est pas médiocre (ce qui peine à atteindre tout juste la moyenne) mais modeste (ce qui garde la mesure). Il est en ce sens un modèle de vertu. Il ne relève pas des problématiques de la reconnaissance ni des thématiques de l'hommage. Il existe pour embellir la vie.

---

1. A. Rimbaud, *Une saison en enfer*, « Délires, II Alchimie du Verbe ».
2. Néo-kitsch, mouvement d'art contemporain, vers 1981-1987, représenté par des artistes new-yorkais comme Kenny Scharf ou Rhonda Zwillinger, produisant des œuvres criardes aux ambiances gaies, mêlant les styles et exaltant avec jubilation le mauvais goût sous toutes ses formes.

En cela il relève du *plaisir partagé* en quoi Kant voyait le geste initial de tout art[1].

Examinons ce distinguo par des exemples.

Le nain de jardin appartient-il au kitsch ou à l'art modeste ? Tout dépend du type d'objet et du contexte, de la provenance et de l'intention. Un gnome en céramique, disposé dans un décor bucolique au fond de mon jardinet, relèvera de l'art modeste au même titre que des santons de la Crèche ou les rois mages de l'Epiphanie ; mais une table-nain, signée Starck, au milieu de mon salon *high-tech* sera néo-kitsch. Autrement dit, des objets ou des œuvres kitsch sont bien souvent la récupération de sujets ou de motifs modestes par l'art et le design contemporains. En ce sens, telle ou telle pièce n'est pas porteuse d'une signification intrinsèque mais relative à sa mise en valeur.

La *gay pride* relève-t-elle de l'art modeste, comme le suggère Di Rosa, ou du kitsch[2] ? Certes d'un côté cette Marche des Fiertés est l'occasion d'une créativité exprimée et exposée dans la rue et se veut le temps d'un partage. Mais d'un autre côté elle s'inscrit bien dans un processus de reconnaissance, de légitimation. D'où ces panoplies au caractère volontairement débridé, voire outrancier, pour faire triompher un accès à la dignité, hors de toute modestie. En fait cette Marche tient plutôt du carnaval au sens propre : de ce temps social et politique où les valeurs sont inversées, où les rapports d'autorité sont retournés, où les frontières sont transgressées, où les interdits implicites ou explicites sont levés. Hervé Di Rosa a raison de ne trouver aucune manifestation de médiocrité dans les panoplies

1. *Cf.* Kant, *Anthropologie*, § 69.
2. Voir par exemple divers entretiens ou études du Centre Européen de Recherches, d'Etudes et de Documentation sur les Sexualités Plurielles et les Interculturalités, ou du Centre d'Archives et de Documentation Gay Kitsch Camp.

gays, et d'en apprécier l'esthétique inclassable ; mais il à tort d'en omettre la perspective communautaire, communautariste même, ce qui *ipso facto* va à l'encontre de son projet d'un « art universel ».

Les objets souvenirs, comme la boule à neige, la carte postale musicale ou brodée, le baromètre-diaporama, sont-ils kitsch ou modestes ? Ils relèvent de l'âme populaire et font l'objet de collections passionnées de la part d'amateurs éclairés. Comme l'observe avec finesse Hervé Di Rosa ces objets ne sont pas neutres. Ils nous apprennent beaucoup sur les caractères de leurs acheteurs comme de leurs destinataires. Ils nous livrent non pas une image du monde (ici un ramoneur savoyard, là une danseuse sévillane, ailleurs un coucher de soleil sur la Promenade des Anglais), mais une image de soi. Cela suffit-il à les classer dans l'art modeste et à les soustraire au kitsch ? Nous pensons que non. Car de tels objets n'ont justement pas une fonction de souvenir mais de *rappel*. Ils peuvent effectivement nous dire d'une façon émouvante et naïve : « je me souviens de toi malgré le temps ou la distance » ou « reçois ce cadeau pour ne pas m'oublier ». Mais ils peuvent également s'interpréter en termes plus vaniteux : « as-tu vu où je suis ? » ou « je peux profiter de ce que tu ne peux pas t'offrir », auquel cas ils entrent dans un processus de kitschification. Ils sont donc ambigus. C'est ce qui fait leur charme.

le ridicule ou le sublime déchu

Le kitsch ajoute du beau à du beau, de sorte que plus multiplié par plus donne moins. La neige qui tombe, c'est beau. Le Golden Gate, c'est très beau. Et la neige qui tombe sur le Golden Gate dans une boule à neige, c'est kitsch. Une guirlande de fleurs, c'est beau. Une cascade, c'est très beau. Une cascade en couleurs, dans un tableau lumineux animé et encadré par des fleurs en plastique, c'est kitsch. Du platine ou des diamants, c'est beau. Un crâne qui nous interroge sur l'être ou le non-être, c'est sublime. Un crâne plaqué platine, avec des inserts de diamants, c'est kitsch.

Par cet excès de l'excès, ce faux du faux, ou ce superlatif du superlatif, le kitsch frise le ridicule. Son style n'est ni sobre ni pompeux, mais ostentatoire par une communication qui tombe dans l'outrance faute d'être sûre d'être entendue. Et le parvenu à raison de s'inquiéter puisque, quoi qu'il fasse, l'aristocrate ne l'admettra pas. Ces figures d'exubérance peuvent être, l'emphase, la redondance, la périssologie (abus de superfluités) qui ajoute de l'énergie à l'expression, mais non de la pensée, ou l'explétion par adjonction de compléments accidentels qui remplissent l'espace sans apport de pensée. Du coup cette manière devient impertinente et arbitraire : inappropriée à la situation, elle est sans nécessité interne. De là on peut en venir à l'hétéroclite.

Par exemple, des angelots de l'église Saint-Nicolas de Prague sont baroques, mais ils ne sont pas kitsch. Certes, ils sont outrés, ils s'inscrivent dans une diagonale dynamique, mais leur mouvement, leur chute en grappe s'inscrivent dans le projet de la Contre Réforme qui cherchait une stylistique de l'élévation pour réaffirmer le christianisme. Leur lévitation répond à la délivrance charnelle. Leur dorure magnifie la gloire de Dieu. Ils sont à la sculpture baroque un équivalent du figuralisme musical de Bach. Dans le même esprit, les angelots de l'église Sainte Marie de Florence relèvent des catégories esthétiques du mignon, du gracieux, mais ils ne sont pas kitsch car ils s'inscrivent dans le contexte d'une Ascension d'un Christ en gloire, ainsi reçu dans le chœur des Chérubins qui indiquent, dans la théologie de Saint Thomas, un degré de divinité. Ces angelots sont des bébés justement pour signifier l'innocence du jeune âge supposée, encore libre des désirs et du vice. En revanche les angelots de Jeff Koons sont kitsch : ces *putti* édifiants sont abstraits de leur contexte significatif et soustraits à leur symbolique. Leurs ailes sont plus proches de celles de *Maya l'abeille* que des plumages de Melozzo da Forli. On n'en retient que la valeur décorative. L'aspect charmant est outré par une *amplification* des ailes et des rubans, par l'adjonction de fioritures impertinentes, superposant le bucolique ou le pastoral sur le sacré, confondant des Chérubins avec Cupidon, et par l'irruption d'incidentes saugrenues, tel l'ours en peluche. Ce dernier est l'indice d'une laïcisation du motif angélique réduit à son prosaïsme ornemental : l'angelot n'est plus la figure d'un enchantement du monde, d'un ravissement, mais une image enfantine propre à rassurer bébé au même titre qu'un nounours ou un héros de dessins animés. À la place de l'objet transitionnel constitué par une peluche de couleur bleu pastel, qui agrémente avec douceur la chambre d'un petit garçon de nature inquiète, Jeff Koons aurait pu mettre la tête ronde de Tintin, la gueule rassurante de Rintintin, la frimousse d'une tortue Ninja, ou la mine décidée de Sangoku avec sa coiffure en feuilles d'ananas…

Ainsi l'objet est sans profondeur ni arrière-plan. Il est unidimensionnel ; il fait un dans une coïncidence avec lui-même. La chose kitsch ne réfère pas à un autre vers lequel elle ferait signe, dont elle serait le signe : Dieu, moi et le monde, ou des règles de vie et de fabrication. Elle est un pur éclat qui ne réfère qu'à son propre effet, voire à son propre reflet, dans une sorte d'autoréférence où l'apparat kitsch se désigne comme tel.

Dès lors cette manière est formaliste : elle veut de la forme sans fond, puisque le fond est donné par une classe, et la forme n'est que l'apparence d'une autre. Ou plus exactement la dissociation entre l'une et l'autre est le sens même de la forme kitsch pour laquelle tout est une question de forme. La nécessité n'est pas dans la cohérence interne de l'œuvre ou de l'objet, dans l'adéquation entre son sens et sa forme, entre sa forme et son projet. Ainsi dans le kitsch tout est possible, puisqu'il est contingent, agrégat d'éléments accidentels. La nécessité est dans l'effet d'insouciance qui doit apparaître immédiatement. Et justement le *caprice*, soit la possibilité de changer des aspects de l'œuvre selon l'humeur, selon le spectateur, fait partie de cette insouciance. La contingence de l'œuvre kitsch n'est donc pas un défaut, mais, paradoxalement, sa nécessaire variabilité pour triompher. La Joconde de Léonard porte nécessairement une tenue sombre pour faire apparaître le rayonnement spirituel de son regard. Une Joconde kitsch hésiterait entre diverses tenues, à la manière de Julia Roberts dans *Pretty woman*, s'arrêtant sur la plus nouille pleine de frous-frous.

Nous parlions d'amplification. Nous savons qu'elle fut pensée par Longin comme un des moyens du sublime[1], à condition qu'il y ait du Grand – cette élévation d'esprit confrontée au pathétique –, dans une unité de pensée et de figure, faute de quoi le sublime, vicié par une enflure immotivée et hasardeuse, s'abîme en son contraire : le pompeux et le ridicule[2]. Paradoxalement ce sublime est, au cœur de la démesure, une affaire de proportion, ou une question de méthode au cœur de l'émotion.

---

1. Longin, *Péri Hypsous* <*On the sublime*>, chap. 11 et 12, London, Harvard University Press, 1995.
2. *Ibid.*, chap. 3.1 et 7.1.

La justesse du grand genre tient dans cet équilibre entre un style d'élévation et une situation appropriée, susceptible de soutenir des effets forcés. Inversement, le pompeux tient à une situation impertinente, l'effet pour l'effet semblant immédiatement gratuit, et par là même vain, voire dérisoire. Comme dans la fable, la grenouille qui veut se faire aussi grosse que le bœuf enfle jusqu'à en crever. La morale en est que « tout bourgeois veut bâtir comme les grands seigneurs », ou en termes contemporains que copier la grandeur donne lieu à toutes sortes d'enflures.

En ce sens, le kitsch est plus que l'indice d'une époque sans âme, réglant l'effet sur des impératifs comptables, voulant lier l'utile à l'agréable. Il est *l'enflure* qui guette tout art, ce « point où, selon Broch, la solennité de l'Art franchit la limite du ridicule et où l'art se met à transformer son propre marbre en une imitation de carton » [1].

Dès lors, si le kitsch est ce processus maniériste qui vire à la singerie d'un art et d'une culture par le prosaïsme d'une autre classe prompte à calculer ses effets, relève-t-il encore de l'art ? Benjamin en doutait : « ce que nous appelions l'art ne commence qu'à deux mètres du corps. Mais voilà qu'avec le kitsch, le monde des objets se rapproche de l'homme ; il se laisse toucher, et dessine finalement ses figures dans l'intériorité humaine » [2]. Dépossédée de son *aura*, de cette distance qui faisait qu'elle était tenue en respect, l'œuvre d'art devient un objet disponible, à portée de main. L'objet kitsch, l'œuvre kitsch sont maniables. Ils font corps avec notre désir de

1. H. Broch, « Hofmannsthal et son temps », dans *Création littéraire et connaissance*, Paris, Gallimard, 1966, p. 157.
2. W. Benjamin, "Kitsch onirique" [1927], dans *Œuvres*, t. 2, Paris, Gallimard, 2000, p. 10.

possession et de représentation. Leur caractère plaisant induit une sorte de gourmandise qui fait qu'on veut goûter la chose par tous les sens : on veut la toucher, la soupeser, la renifler presque, en tester la sonorité, etc. Alors que l'œuvre d'art gardait ses distances, supportant mal une proximité profanatoire, l'objet kitsch est familier, offert au tout-venant. L'une s'éprouvait dans la pénombre recueillie d'une intimité ; l'autre se vit à ciel ouvert, dans le rire et le bruit. Fruit de l'industrie culturelle, il s'adapte à la fréquentation en nombre.

Faut-il alors dénoncer le kitsch, y voir un phénomène de décadence ou de réification ? Nous pensons en fait que sa dénonciation est vaine car le temps n'est plus à une confrontation entre une culture noble et une culture vulgaire. Comme le remarquait Nietzsche [1], l'aristocratie a contribué à sa propre destitution en se pensant non plus comme une valeur, mais comme une fonction de la monarchie, comme un simple étalage de lustre (*Putz*) et de luxe (*Prunkstück*) que les tourmentes de l'histoire devait emporter. Plus encore, la résistance de l'aristocrate à la morale de l'esclave est dépassée par un marché de la culture ou une industrie des loisirs qui a intégré le kitsch comme vecteur de rêves. Le jardin de Tivoli ouvert à Copenhague en 1843, Coney Island à New York, avec ses parcs d'attractions construits entre 1880 et 1903, sont typiques sur ce point : jardins édéniques, citations architecturales libres, théâtres de machines, lumières électriques à outrance. Tout un monde enfantin et sentimental semble immédiatement disponible pour notre émerveillement, à la gloire d'une technique triomphant irréversiblement, dans un plaisir communicatif,

1. Cf. *Par delà le bien et le mal*, § 258, Paris, Aubier, 1978, p. 351.

des douleurs humaines multiséculaires. Une jeunesse enfin délivrée des tourments récurrents de ses ancêtres.

Le kitsch n'est donc pas qu'une affaire de goût ou de style. Il devient un choix de vie dans lequel l'homme met toute son âme. Cette âme est le cœur mis à l'ouvrage par une conscience morale en quête de bonheur plus que de vertu. Elle est également une contrefaçon d'immortalité par une image de soi arrêtée à un temps de jeunesse radieuse, comme si l'instant joyeux contenait en lui toute l'éternité possible, comme si l'humain pouvait dans l'ivresse d'une seconde fugace se confondre à la gloire de Dieu. La question est donc de comprendre cette âme de l'homme qui a opté pour le kitsch ou qui veut s'y fondre.

le beau monde

Grâce au kitsch, mon petit pavillon de banlieue n'est plus l'expression de ma triste condition sociale, déterminée par la lutte des classes. À l'intérieur je peux décorer mon salon de papier vinyle *Vénilia*, simili boiseries, un trompe-l'œil à s'y méprendre, qui métamorphosera mon séjour en bibliothèque Grand Siècle. Dans ma chambre du papier peint Pompadour fera de ma pièce une alcôve royalement libertine. Et mes rouleaux *Vénilia* ne sont pas de mauvais goût puisque les artistes d'aujourd'hui y ont recours[1]. Dans mes toilettes, un choix de publications du *Reader's digest* et du *Savour club* permettra à mes invités qui s'y attarderont d'avoir des lectures d'une grande élévation. À l'extérieur, je décorerai mon jardin avec un Bouddha assis en résine, au milieu de mes tulipes, ce qui me permettra, avec un petit pont en plastique et une rivière en circuit fermé, de produire une scène au charme tout bucolique, digne des meilleures expositions parisiennes.

Le kitsch est donc ambivalent. Déprécié par les gens de « bon ton » au XIXᵉ siècle, il devient au XXᵉ siècle le chic « tendance ». Sommes-nous simplement dans les effets de mode, dans des niveaux de langage, dans ce jeu de distinctions sociales qui pousse une classe élevée à revendiquer comme attribut de sa

---

1. Voir l'installation de Raphaël Boccanfuso, *Panthéon*, 2005, trompe l'œil en papier vynil, galerie Michel Journiac, Paris, Université de Paris 1, Centre Saint-Charles.

hauteur ce qui fut le goût passé d'une classe sociale plus basse, celle-ci assimilant enfin les goûts de la classe élevée à laquelle elle voulait s'agréger ? L'histoire du goût fourmille de ces inter-versions de goût : l'or et le vermeil, jadis métaux distinctifs des tables royales, trahit aujourd'hui le parvenu. La grosse montre en or, qui jadis était un superbe cadeau pour un communiant, devient aujourd'hui le signe d'un bien mal acquis ou d'un homme politique corrompu.

Nous avons vu que cette réversibilité est inhérente au style kitsch. Comme plate coïncidence avec lui-même et narcissique manifestation de lui-même il est *autodéictique*. Les aristocrates et gens de culture le croient décadent, quand il signale la déca-dence de la culture aristocratique. Inversement le kitsch est la certitude d'une « belle vie » qui jouit de l'amélioration de ses conditions en masse, et qui en perd (au sens actif et passif) les références dont elle est la contrefaçon. Il est le signe d'une référence de soi à soi dans un *bonheur simple* : sans ombre, sans la dualité du doute, de la critique, de la mauvaise conscience. En ce sens il n'est pas problématique. La dépréciation qu'il suscite a pour effet retour de lui conférer la particularité d'être apprécié en tant que mauvais goût reconnu, assumé. Pourtant cette réaction critique ne le complique pas et ne le trouble pas. Comme bonheur simple le kitsch ne voit rien de grave dans cette critique. Elle est enrobée par son monde lénifiant, et le confirme bien au contraire dans l'idée qu'il est bien, lui, une unité heureuse. Ce bonheur simple renvoyé à lui-même prend donc la forme d'un jeu amusant. Médiocre, plat, trivial, faux — rien n'entame son autosatisfaction. Du coup il fait de sa propre réflexivité une mise en scène kitsch. L'art kitsch est cette exhaustion du mauvais goût des objets kitsch en goût du jeu. Il devient une valeur en lui-même, et devient du faux faux : un vrai qui a toutes les allures du faux.

Avec le kitsch le mauvais goût devient un jeu avec les normes et les formes. Il devient de «bon ton» de la part d'une classe sociale qui décline ses amusements (faire peuple, être rétro, être glamour, etc.), comme de la part d'artistes qui exposent ce bonheur simple d'une consommation pour tous. Pour que le kitsch reste drôle, on doit continuer de le tenir pour du mauvais goût, mais «sous contrôle», le plaisir étant moins dans la transgression des normes que dans le ridicule de l'objet, aimé pour son ridicule même. Ainsi le kitsch est de bon ton, comme il est de bon ton de savoir rire de soi pour montrer que l'on est lucide sur sa propre personne. Le kitsch est ainsi la pitrerie que s'accorde une classe sociale pour s'amuser d'elle-même dans une sorte de carnaval où elle va s'attribuer des goûts petits bourgeois, le temps d'une divertissante inversion des valeurs. Sur la grande scène de la comédie humaine, il est une sorte de rafraîchissement mondain où nous jouons à aimer ce qui n'a aucune valeur en soi mais qui vaut comme faire-valoir de notre propre dérision, signe de notre excentricité. En cela il contamine toutes les classes sociales, de la ménagère qui s'attarde au rayon décoration de Castorama au capitaine d'industrie qui vient faire ses emplettes à la FIAC.

Dès lors le kitsch est une prise de conscience dialectique.
Il signifie l'euphorie de la bourgeoisie triomphante qui interprète les productions sociales au diapason de son travail, *i.e.* la compréhension de toute activité comme devant être à l'échelle d'une industrialisation, et comme devant être définie comme une marchandise négociable. Ce divertissement culturel se rit de l'art ancien, de sa gravité. En effet, si cet art célébrait le

monde et requalifiait l'existence humaine, il devient superflu et passéiste dans une ère de la transformation industrielle du monde et des bouleversements sociaux. En réponse, les critiques d'art regrettent cette dévaluation de l'art et confèrent au kitsch une connotation péjorative, le rangeant dans la catégorie de la décadence, du mal, tels Adorno, Benjamin ou Broch. Comme le pensait Adorno « le kitsch n'est pas, comme le voudrait la foi en la culture, un simple déchet de l'art obtenu par une accommodation déloyale, mais il guette les occasions d'émerger de l'art qui réapparaissent constamment. Tandis que le kitsch échappe comme un lutin à toute définition, même historique, la fiction, et en même temps la neutralisation de sentiments non-existants, constitue l'une de ses caractéristiques les plus tenaces » [1].

Mais le fait est que la culture occidentale moderne ne fait plus couple avec Dieu, le monde et mon intériorité. Dieu est une hypothèse plus ou moins recevable. Le monde est un abîme de désenchantement. Mon intériorité est un désordre. Elle fait couple avec le fourmillement et le scintillement sociaux dont elle se veut le réflecteur. Dès lors, que ce miroir soit fidèle, déformant ou brisé importe peu, car l'industrie de la culture est suffisamment puissante et récupératrice pour inverser toute négation d'elle-même en modalité du divertissement universel, dans une sorte de cynisme imparable. De même que Che Guevara devient un motif pour *tee-shirts* bon marché, substituant un visage photogénique à une doctrine politique, de même la critique des valeurs traditionnelles devient un marronnier très vendeur. Dès lors des artistes représentent cet art

---

1. T. W. Adorno, *Théorie esthétique*, XII, 10, Paris, Klincksieck, 1982, p. 317.

du divertissement, avec des images chromos, très « tendance » et très *fun*. Et, tout comme l'art pompier au XIXᵉ siècle, nous avons l'art d'un beau monde qui occulte nos misères : bon nombre d'artistes font de l'art avec des marchandises bon marché, des ballons gonflables, des petites fleurs, des petits chiens en plâtre, des figurines puériles. La misère du monde est un thème kitsch qui nous apitoie par des bidonvilles télégéniques.

un bonheur sans ombre

Ce n'est pas un hasard, si dans l'imagerie kitsch, Adam et Eve au Paradis forment une des figures les plus fréquentes. Un papa et une maman d'avant le péché, pour un monde impeccable, un monde d'avant l'erreur, sans remords, ignorant la mort. Un papa et une maman éternels, toujours jeunes, tout sourire, sans rides et sans souci. Un papa et une maman pour faire de beaux rêves dans un monde enchanté…

Made in heaven de Jeff Koons nous paraît être, sur ce point, le comble du kitsch. Il choisit de représenter le moment de la chute, l'instant du coït pendant lequel Adam et Eve perdent leur virginité originelle. Mais au lieu d'en faire une tragédie existentialiste, ce temps de l'angoisse comme condition de la peccabilité, il en fait la comédie de l'innocence inaltérable. Koons l'a compris : le kitsch est une sorte d'enjoliveur universel qui convertit l'enfer en Eden. La sexualité paradisiaque ne renvoie pas au *Concept de l'angoisse*[1] mais à un prospectus de club naturiste. Ainsi la pornographie devient kitsch : alors que la fusion sexuelle est une sorte d'oubli fugace de son ego dans le

---

1. S. Kierkegaard, *Le concept de l'angoisse*, chapitre premier, Paris, Gallimard, 1935.

mélange à l'autre, Eden retrouvé le temps d'un éclair, la pornographie est la marchandisation de ce rêve d'oubli édénique par la mise en scène de son trait d'union le plus visible. D'où une rhétorique de la répétition, de la prolifération, de l'enflure qui exhibe des formes au mieux de leur forme, dans l'exaltation la plus criarde. D'où un univers d'appositions qui multiplie les accessoires sans nécessité. D'où un univers qui combine des liaisons accidentelles mais jamais dangereuses.

Cependant, contrairement aux apparences, Koons ne reprend pas des stéréotypes de l'iconographie chrétienne qu'il détournerait en les pervertissant (ce que fait Bettina Rheims, par exemple, avec une femme crucifiée), mais il reprend les clichés les plus éculés de l'industrie pornographique (fellation, cunnilingus, pénétration vaginale ou anale, éjaculation, gros plans d'organes ou d'orifices). Par là même il aseptise la pornographie, en atténue l'aspect *hard* et *trash*, qu'il rend *soft* et *fun* par un décor de première communiante ou de jeune mariée. Pour recourir aux catégories des *cultural studies*, il convertit le *dirty* en *clean* [1], et du coup en fait une image visible et lisible sans culpabilité. Il en fait une image *académique*, c'est-à-dire un nu étudiable dans toutes sortes d'académies. En réalité, il ne fait que récupérer un scénario pornographique parmi d'autres, aux intitulés généralement riches en oxymores [2], pour pasticher la riche dialectique du corpus des *stupra*, qu'il travestit par une

---

1. Cf. *Dirty ejaculation*, ou *Dirty Jeff on top*. Nous reprenons ici les rubriques que dénoncent et analysent les *cultural studies*, à savoir l'opposition du « sale » au « propre », le « sale » désignant des objets, des comportements, des pratiques, ou même des recherches théoriques non recevables par *l'establishment*. Koons fait un pastiche de *dirty* en feignant de se charbonner grossièrement le visage, et en représentant des pratiques prohibées dans certains États américains (Alabama, Utah, Virginie, etc.), *stupra* qui alimentent depuis des siècles les « enfers » européens.

2. Par exemple « communiante mais salope » ou « vierge mais experte ».

photographie et une décoration de qualité, et une mise en scène prétendument au second degré. Du coup la Cicciolina joue la Cicciolina. Jeff Koons, à vrai dire, ne détourne rien : il plagie l'imagerie pornographique. Il ne transgresse rien. Tous les *must* pornographiques y sont : éjaculation haut débit sur vulve impeccablement épilée. Il ne choque que celui qui joue à être choqué. Son art n'investit pas, par exemple, le sang menstruel comme peuvent le faire des artistes féminines contemporaines[1]. Il ne change rien du rapport entre l'homme et la femme. Ses poses affectées n'affectent aucune existence. « Même pas mal ! » comme disent les enfants.

Qu'y a-t-il de kitsch alors, et d'artistique ? Cet air de bonheur donné par le décor (les papillons, les plumes, les guirlandes, les couleurs pastel), les visages maquillés, et surtout cette apparente joie que Jeff et Ilona avaient l'air d'avoir à se besogner mutuellement — avant leur divorce, s'entend — contrairement à une imagerie pornographique qui semble renvoyer à une tristesse de fond, à la demande de soulagement d'une frustration sexuelle. La pornographie simule la jouissance ; le porno kitsch jouit de son spectacle, voulant transgresser en fait, non pas les interdits moraux, mais notre mortelle condition.

Faut-il donc souligner la valeur péjorative du kitsch pour fuir ce bonheur de cartes postales, cet hédonisme simplet ? À vrai dire peu importe que les tenants de la « vraie » culture tiennent le kitsch pour une dépravation de l'art prosaïque et comptable. Car le kitsch convertit la déchéance qu'il manifeste en assomption du succès. Car cette dépréciation n'est qu'une

---

1. *Cf.* K. Smith, *Train*, 1993, statue en cire et perles de verre, 134 x 365 x 40 cm, collection Mandy et Cliff Einstein, Los Angeles.

réaction. En premier lieu, celle des aristocrates, comme nous l'avons vu. En second lieu, celle des gens de culture ou de tradition spiritualiste. En ce sens il est typique que les penseurs du kitsch furent souvent de grands intellectuels juifs (Broch, Benjamin, Adorno, et dans une certaine mesure Arendt[1], Rosenberg[2], Greenberg[3], Schapiro[4], Morin[5], Moles), justement parce qu'ils voyaient dans ce bonheur consommable une négation de l'esprit et une falsification du tragique de l'existence. Ne nous méprenons pas : la réaction des penseurs de culture juive n'est pas due au statut marginal des Juifs dans telle ou telle société[6], mais au fait que toute méditation sur la transcendance, donc sur une dualité entre l'ici-bas et l'Autre absolu, sur deux dimensions incommensurables, ne peut que résister à la divertissante et insouciante superficie du kitsch. Peu importe : le kitsch est « une promesse de bonheur », pour reprendre le fameux mot de Stendhal, entendu comme un air de jubilation enfin accompli.

Le kitsch rend l'objet aimable, avions nous dit. Par cela, c'est bien un art du bonheur. Il fait de nous des béats de la Crèche, à l'humeur guillerette comme dans *La mélodie du bonheur*, *Marry Poppins* ou, mieux encore, *Alerte à Malibu!* Ici, tout n'est

---

1. H. Arendt, *Crise de la culture* [1954], « crise de la culture » I, Paris, Gallimard, 1972, p. 253-270.
2. H. Rosenberg, « *Pop culture : kitsch criticism* », in *The Tradition of the New*, New York, Chicago et Londres, University of Chicago Press, 1959.
3. C. Greenberg, « *Avant garde and Kitsch* », *Partisan Review* 6, 1939, p. 34-39 ; repris *in Art and culture : critical essays*, Boston, Beacon Press, 1961.
4. M. Schapiro, « *The social bases of art* » (1936), in *Artists against war and fascism : papers of the first American Artists Congress*, 1936, édité par M. Baigell and J. Williams, New Brunswick, Rutgers University Press (N.J.), 1986.
5. E. Morin, *Esprit du temps*, t. 1, Paris, Seuil, 1962, p. 19.
6. Même si comme l'a bien montré Norbert Elias les Juifs de culture allemande avait un statut paradoxal de marginaux reconnus, *op. cit.*, p. 150 *sq.*

qu'ordre et santé, luxe, palme et volupté! Le kitsch est superficiel, certes, mais c'est tellement reposant et amusant! En
jouant sur les mots nous pourrions dire que *kitschen* est *kitzeln*,
ça gribouille et ça chatouille. « Rien que du bonheur » comme
disent les présentateurs de télévision entourés de *top-models*.
Une guimauve molle et sucrée facilement consommée. Cet art
de l'effet et du bonheur ne peut être qu'un art de la superficie satisfait de sa facilité : tout se passe au niveau du visible,
sans qu'on s'ingénie à chercher quelque dimension invisible et
encore moins intelligible. Nous sommes au niveau de l'imma-
nence, sans quête de transcendance. Pas d'arrière-plan, pas
d'arrière monde, pas de double sens. De l'*hic-nunc*, immédiatement accessible : pas de négativité, pas d'aspérités, ça glisse
au pays des merveilles, comme sur les eaux réglées de la *Rivière
enchantée* du Jardin d'Acclimatation, comme dans le château
merveilleux de Disney World. Un monde où les souris sourient,
où les pirates sont sympathiques, où les cow-boys ne tuent pas
d'Indiens.

Le spectacle du paradis : un univers intemporel, insouciant. Un
monde lisse, serein, souriant, jeune qui n'est pas frappé par les
rides du temps, les cernes de la détresse, les cicatrices de
l'histoire. Un monde édénique d'avant le péché originel : ni
doute ni soupçon, aucune présence de la dualité. Un monde à
l'angélisme strictement positif dans la parfaite coïncidence de
soi avec soi-même. Un monde sans histoire(s). Le monde de
l'Un retrouvé, non pas au plan métaphysique d'une affirmation
moniste de l'être ni dans la coïncidence de la pensée et
de l'être, mais dans le bibelot proliférant, dans l'ère de la
marchandise radieuse, spectacle risible de notre volonté
d'oublier notre dérisoire condition. Car cette marchandise est
bien radieuse. Elle se montre comme telle : elle est en pleine

lumière, sur un fond de soleil, brillamment difractée par ses mille paillettes. Cela contamine même l'ordre politique : les héros de la Révolution internationale nous saluent sur fond de soleil dardant ses rouges rayons en tous sens, les *golden boys* sont tout sourire, entourés d'une bimbeloterie clinquante censée affirmer l'*aura* de leur puissance et de leur réussite.

Le kitsch en cela est intéressant pour comprendre la compréhension naïve du bonheur, reposant sur les banalités du « positif ». « Être positif » pour avoir une « attitude positive » avec « un esprit positif » dans une « vision positive », selon une conception performative, comme si l'énoncé du mot suffisait à changer l'humaine condition. Bonheur gorgé de consommation, comme si le souverain bien se confondait avec la réplétion du corps, empli de vins ambrés, repu de fromages fruités et de pâtisseries rosées, ou se réduisait à une *way of life* composée d'une voiture chromée, d'une maison cirée et d'un réfrigérateur à glaçons. Il postule que le bonheur tient dans le plaisir du moment, sans intervention de la raison ou de la foi, mais animé par des sentiments simples. Cet hédonisme niais n'est bien évidemment qu'une occultation névrotique et puérile de la « négativité » de l'existence, de ce qui contrarie notre fuite de la douleur ou de ce qui nous renvoie à nos limites. La lumière du kitsch aveugle notre part d'ombre et les cicatrices de nos deuils.

Il est vrai que le kitsch est euphorisant car il ravive en nous l'archétype de nos joies enfantines. Il nous présente un *monde enchanté* au sens où tout est déjà ordonné, et bien ordonné, sans que le travail humain soit nécessaire, où tout est prêt pour une jouissance sans scrupule. Contrairement à la *catharsis* qui nous apporte le soulagement après la terreur et la compassion[1] qui expurgent nos passions par leur épuisement, le kitsch nous procure une parodie de *catharsis* dans un monde de *l'apathéia*. Cette impassibilité ne résulte pas d'une ataraxie gagnée sur les tourments physiques et moraux par l'ascèse, mais d'une sorte d'homme nouveau : sans histoire(s), sans mémoire. La joie kitsch est un masque obligé, l'effet d'un mythe qui veut convertir le prosaïsme en espérance illimitée. En cela il représente une sorte de salut profane, ni par les œuvres ni par le repentir, mais par des fétiches, ou des objets à valeur sentimentale. Ce bonheur kitsch est ainsi profondément *réactionnaire* : il veut nous faire accroire que le monde est beau, et donc que toute entreprise de changement est vaine.

Mais cette tendance au *statu quo* est elle-même ambiguë. Que le kitsch soit la bonne conscience d'une bourgeoisie, et que celle-ci veuille garder son petit paradis en l'état se comprend fort bien. Mais alors pourquoi le kitsch est-il aussi une production et un goût populaires ? Le bonheur kitsch populaire est la vision en miroir du bonheur kitsch bourgeois. C'est parce qu'il n'a aucun espoir dans un changement que le petit peuple se bricole un petit monde de douceurs, cristallise un aggloméraí de sucreries mièvres qui sont autant de baumes sur les plaies de son désespoir. Mais alors peut-on dire que l'iconographie des révolutionnaires est kitsch ? Oui, pour deux raisons. D'abord parce que cette imagerie n'est très souvent qu'une version laïque d'une iconographie religieuse, posant la gloire d'éternités immuables. Ensuite, parce que nouvelle classe parvenue au pouvoir, la *nomenklatura*, a tout intérêt à entretenir l'idée que les lendemains qui chantent sont pour

---

1. *Cf.* Aristote, *Poétique*, 1449 b28.

aujourd'hui, et qu'il s'agit d'un acquis suffisant et intangible. Ainsi, étudiant le comportement des *apparatchiks*, Valentin Pelosse en arrive à parler de « kitsch cynégétique » pour nommer les comportements des nouveaux privilégiés, les ex-révolutionnaires s'appropriant les comportements de chasseurs des ex-nobles russes[1], leurs symboles et attributs. Mais la répétition n'est pas une reprise à l'identique. Aussi les copieurs sont-ils à leur insu l'objet d'une entropie qui en fait le double ridicule de leur modèle. Comme Marx le notait[2], les doublures des héros de l'histoire voient leur action tourner à la farce.

Le kitsch remonte donc d'une valeur esthétique, le bel effet, à une valeur éthique, l'égoïsme de l'inauthentique, fondée sur une thèse *ontologique* : l'être est toute positivité. Le kitsch est le spectacle du « *think positive* », cette théorie naïve du bien-être qui n'est en fait qu'un imaginaire unilatéral qui veut soustraire de l'ordre du monde l'ombre, le nuage, le fléchissement. Dialectiquement ce monisme du tout-positif, masquant tout aspect de négativité, revient à un *nihilisme* puisque l'affirmation exclusive du tout-positif se fait par la négation de toute opposition, maquillée par une unité de façade à des fins d'autopersuasion, de sorte que plus rien ne vaut sauf le faux-semblant. La vie est belle, le bonheur est de ce monde. Pour s'en persuader un beau décor suffit, et il n'y a pas lieu de douter de cet état idyllique, Eden retrouvé. La stricte positivité est un décret, mais non une analyse de l'être. Ainsi le kitsch devient *kitsch totalitaire* par sa volonté à être une thèse globale sur la nature du monde et de l'existence. Dès lors l'artifice devient

1. V. Pelosse, « Qu'est-ce qui faisait chasser la nomenklatura ? », *Communications*, 1992/55, p. 157-171.
2. K. Marx, *Le 18 Brumaire de Louis Bonaparte*, première partie (1851), Paris, Jean-Jacques Pauvert.

l'essence de l'art : célébrer le monde et requalifier l'existence reviennent à échafauder un décor de beaux sentiments pour de belles âmes (la fraternité, l'espérance) en niant la négativité inhérente au monde et aux relations humaines, ne serait-ce que ce qui se vit sur le mode de la déception, de l'échec, du deuil. Le deuil même peut avoir sa version kitsch, que ce soit les soins esthétiques appliqués par certains thanatopracteurs pour figer le mort dans une immortelle beauté, la digne et superbe agonie des héros de westerns et de péplums, ou la pompe réservée aux grands hommes défunts pour impressionner le petit peuple. En cela le kitsch est une méthode de (re)présentation applicable à tout régime politique en situation de *spectacle* : que ce soit les *pom-pom girls* des élections américaines, les tableaux vivants des *Cents fleurs* maoïstes, ou le *charity business*. «Tout le monde il est beau, tout le monde il est gentil» pourrait être sa devise.

le mal ontologique

C'est à cause d'un tel monisme que Broch voit dans cette pacotille à paillettes, l'effet pervers de toute esthétique : la primauté du beau sur le bien. Le premier ne serait plus le symbole du second mais sa négation insouciante. Ainsi le kitsch manifesterait l'attitude de vie qui préfère le beau au vrai, au point de tenir en estime le chic et le toc pour peu qu'ils épatent. Rabattre ainsi le beau, non plus sur le vrai, mais sur l'effet, le dissocie du bien. C'est pourquoi Broch considère le kitsch comme l'avènement d'une esthétique du *mal*, *i. e.* un goût, une théâtralité qui veut du «beau travail» et non du «bon travail » [1], au point de dissoudre la valeur éthique du bien dans l'accomplissement du bel effet, quitte à sacrifier l'homme. Nous pourrions dire que ce tape-à-l'œil est une sorte de perversion du dandysme. En effet, pour le dandy, être un esthète était une exigence envers soi-même : se distinguer par un raffinement dans la mesure où la vie ne valait la peine d'être vécue que dans et par la beauté, celle-ci étant l'horizon infini d'une quête d'absolu et d'insolite. Inversement pour le kitscheux [2], le bel effet en reste aux conventions les plus éculées simplement portées à un degré d'exacerbation. Foncièrement narcissique ce kitscheux cherche, par cette impression sur autrui, un effet retour sur l'image insouciante qu'il veut avoir de lui-même, au point de faire de son propre bel effet satisfait et fat le *mal radical* [3], *i. e.* la négation d'autrui réduit à un objet consommable, consumable dans une belle manifestation. Ainsi Néron jouant du luth devant des Chrétiens crucifiés, dont les corps en cris, transformés en flambeaux, se contorsionnaient en mille arabesques sonores du plus bel effet. Ainsi Hitler dégustant avec délectation la danse funèbre et chaotique des gazés ou des charniers métamorphosés en feux de joie diaboliques, du plus bel effet, cela va de soi. Ou plus perversement encore, ces photographes reporters qui, devant des souffrances atroces, oublient l'homme de douleurs pour ne considérer que le motif scénique et prennent le temps de cadrer la photographie la plus émouvante du monde. Un spectacle de désolation signifie, pour l'homme kitsch, que la désolation est un beau spectacle…

1. H. Broch, « Le mal dans le système des valeurs de l'art », dans *Création littéraire et connaissance*, Paris, Gallimard, 1966, p. 360.
2. Par ce néologisme nous voulons signifier l'homme qui prend le kitsch comme attitude de vie.
3. *Ibid.*, p. 364.

Un tel lustre sans ombre alerta également Milan Kundera. Il était confronté non pas à l'esthétique kitsch d'un Arno Breker, d'une Léni Riefenstahl, elle qui affirmait chercher «la beauté et l'harmonie» et «la réalité ne m'intéresse pas»[1], mais à l'apparat communiste. Les pays communistes furent kitsch eux aussi à leur façon. Paradoxalement le kitsch est un style commun aux parvenus capitalistes comme aux totalitarismes anticapitalistes, au sens où tous se veulent une édification par l'insouciance, contrairement à la réalité de l'existence, faite de souci. Car ce que nie le kitsch c'est l'histoire, la contingence et la lutte pour poser d'infinis lendemains qui chantent. L'inauthentique de masse sous tous ces aspects (mensonge, langue de bois, simulation, parades, procès, etc.) était érigé en principe de vie au nom d'un idéal idyllique : «... *l'idylle* et *pour tous*, car tous les êtres humains aspirent depuis toujours à l'idylle, à ce jardin où chantent les rossignols, à ce royaume de l'harmonie, où le monde ne se dresse pas en étranger contre l'homme et l'homme contre les autres hommes, mais où le monde et tous les hommes sont au contraire pétris dans une seule et même matière.»[2]

Rappelons encore le chapitre qui porte sur le kitsch dans *L'insoutenable légèreté de l'être* :

> [...] Derrière toutes les croyances européennes, qu'elles soient religieuses ou politiques, il y a le premier chapitre de la Genèse, d'où il découle que le monde a été créé comme il fallait qu'il le fût, que l'être est bon et que c'est donc

1. *Cf.* M. Schreiber, S. Weingarten : «*Realität interessiert mich nicht.*» Leni Riefenstahl über ihre Filme, ihr Schönheitsideal, ihre NS-Verstrickung und Hitlers Wirkung auf die Menschen. (*Spiegel*, 18 août 1997).
2. M. Kundera, *Le livre du rire et de l'oubli*, Paris, Folio-Gallimard, 1985, p. 21-22.

une bonne chose de procréer. Appelons cette croyance fondamentale *accord catégorique avec l'être*.

Si, récemment encore, dans les livres, le mot merde était remplacé par des pointillés, ce n'était pas pour des raisons morales. On ne va tout de même pas prétendre que la merde est immorale! Le désaccord avec la merde est métaphysique. L'instant de la défécation est la preuve quotidienne du caractère inacceptable de la Création. De deux choses l'une : ou bien la merde est acceptable (alors ne vous enfermez pas à clé dans les waters!), ou bien la manière dont on nous a créés est inadmissible.

Il s'ensuit que l'*accord catégorique avec l'être* a pour idéal esthétique un monde où la merde est niée et où chacun se comporte comme si elle n'existait pas. Cet idéal esthétique s'appelle le *kitsch*.

C'est un mot allemand qui est apparu au milieu du XIXe siècle sentimental et qui s'est ensuite répandu dans toutes les langues. Mais l'utilisation fréquente qui en est faite a gommé sa valeur métaphysique originelle, à savoir : le kitsch, par essence, est la négation absolue de la merde; au sens littéral comme au sens figuré : le kitsch exclut de son champ de vision tout ce que l'existence humaine a d'essentiellement inacceptable [1].

Par « merde » Kundera entend donc ce qui témoigne d'une part d'inacceptable dans l'être, et un inacceptable refoulé. Dans cette négation de la « merde » par le kitsch, Kundera veut montrer le travail d'effacement méthodique que produit cet idéal forcé, au point même de pouvoir effacer les traces de sa propre force. Par là même il espère démonter les écrans du

---

1. M. Kundera, *L'insoutenable légèreté de l'être*, 6e partie, 5e chapitre, trad. par F. Kérel, Paris, Gallimard, 1984, p. 356-357.

kitsch, et redonner un sens à la construction d'une liberté authentique. Le kitsch est donc l'écran à déchirer pour pouvoir soutenir l'être.

le kitsch ou la « merde » en gloire

Si l'on en restait à cette révolte de Kundera le kitsch pourrait être tenu en respect par son contraire, l'authentique, dans un équilibre du toc et du chic. Or il nous semble être un aspect envahissant de la modernité. Il affecte tout son environnement. En effet, le kitsch étant l'envers possible de toute situation, aucune ne peut y échapper. Ainsi la « merde », contrairement à ce que Kundera croyait trop naïvement, n'est pas la contra-diction du kitsch, car elle-même peut devenir un spectacle, un objet de prédilection. Non pas l'excrément tragique d'un Nebreda[1], mais la « merde d'artiste » de Manzoni[2], propre sur soi, bien emballée et conservée, quasiment prête à consommer. Autant Nebreda prend des risques en souillant son visage avec ses fèces dans *Visage couvert d'excréments*, engageant son corps dans la négation de lui-même jusqu'aux limites du soutenable, du représentable et du recevable, autant Manzoni se joue d'un marché de l'art, puisque l'œuvre est réduite à une denrée (*ware*), l'inspiration aplatie au niveau de la flatulence, les ressorts de la création se logeant dans l'ampoule rectale, pour peu qu'on ait un régime alimentaire approprié et la juste dose de laxatifs. Les excrétats selon Nebreda forment bien ce résidu inenvisageable de la création dans lequel Kundera voit l'échec du kitsch, ou cette dimension d'enfer qui nous ramène à notre

1. D. Nebreda, *Autoportraits*, Paris, Éditions Léo Scheer, 2000.
2. Piero Manzoni, *Merde d'artiste* (n°22) – 1961, Sculpture, boîte de conserve, sérigraphie sur papier, diamètre 6,5 x h 5 cm. © Piero Manzoni, Collections de Saint-Cyprien, 2006

finitude. Ils engagent notre existence dans la prémonition de sa vanité et de sa putréfaction programmée. Mais Manzoni, en faisant de cette merde en boîte un objet mondain, annihile toute déréliction. L'excrément est réifié, objectivé, maquillé. En cela sa négativité est neutralisée, ce qui lui permet de s'immiscer dans la circulation des biens culturels. Tout ce qui fait la singularité de la merde, son expression unique de l'individu, son anticipation de la décomposition, est métamorphosé par la *conserve*. Cette conserve désigne tant la mise en boîte commune qui abolit toute unicité, qui supprime les aspérités sensibles du réel par un masque étanche, que le procédé chimique consistant à différer le processus de décomposition. La conserve est le dépassement de la merde en bibelot, de la décrépitude en bien d'investissement. Le cloaque du monde est ainsi converti en un emballage lisse, inodore, brillant.

Nous voilà au comble du geste kitsch : maquiller l'ordure pour la convertir en valeur sûre. Le kitsch est donc au-delà d'un style, d'un genre, d'un goût : c'est un principe de métamorphose qui sublime l'obscur déchet en apothéose radieuse. Faut-il y voir une sorte de rédemption qui donnerait une seconde chance, une seconde vie à l'objet et à son amateur par la vertu du rachat? Certes non, car la rédemption suppose une crise d'identité qui, par la reconnaissance d'une erreur de fond, induit la redéfinition d'un statut, là où le kitsch résulte d'un processus social lent qui exténue la corrosivité du déchet au nom d'un monisme axiologique : dans l'être tout est bon.

Pour voir à l'œuvre ce processus de bonification de l'ordure, les compressions de César fournissent un bon exemple de cette pente vers le kitsch inhérente à toute réussite. Comparons à cet effet deux périodes d'activité artistique : les compressions dirigées de 1960 et la *Suite Milanaise* de 1998 [1].

En 1960 le sculpteur de Villetaneuse comprime des voitures à Gennevilliers. Il détourne un rebut de la société de consommation pour en faire un nouveau geste plastique. Il laisse faire la presse mécanique à sa place, même si la compression est dirigée initialement par le choix et la position des pièces comprimables pour obtenir des variétés chromatiques et des effets de matière voulus. Les chromes des pare-chocs donnent un lustre éraillé à de la carrosserie chiffonnée, mêlée aux tuyaux tordus, aux boulons saillants, aux écrous erratiques, toutes marques métaphoriques d'une irréversible tragédie du temps, histoire d'un naufrage figé dans un bloc irréductible. Ces compressions relevaient d'une résistance politique, sociale et symbolique. Le monolithe obtenu était la réduction incompressible d'une analyse, sorte de signe minimal devenu noyau dur de sens. D'un côté la voiture, comme gloire du capitalisme triomphant, était renvoyée à son devenir nécessaire. L'incompressible, naguère renvoyé à ces ferrailles aux marges des cités, revenait au cœur du visible comme une sorte de critique d'une économie déréglée, d'une production oublieuse de ses rebuts. D'un autre côté, le compactage calibré de la ferraille était une nouvelle manière artistique qui dénonçait les idées reçues de la sculpture académique, tant la notion d'authenticité que le dénigrement du matériau fer. La « chute » devient valorisable. Ces compressions constituaient donc une mauvaise conscience du système économique et académique. C'est l'assomption de l'objet bloc-de-ferraille en œuvre d'art dont les formes libres

---

1. Le face à face de ces deux périodes fut visible à l'exposition *César, anthologie par Jean Nouvel*, Paris, Fondation Cartier, 2008.

éveillent un sentiment esthétique et travaillent les savoirs acquis.

Tout autres sont les compressions de 1998, pour la compagnie Ranger, sise à Carate Brianza, près de Milan, spécialisée dans les produits plastiques. En trente ans, César est devenu un personnage, une réputation, une marque de fabrique. Un style s'est affirmé, et avec le succès les commandes affluent, qui transforment l'invention en chaîne de production. D'où un risque pour un artiste : devenir sa propre caricature. En 1998 il ne s'agit plus de détourner un rebut mais de faire du César, de produire un objet qui a les signes extérieurs d'une œuvre ancienne. Et les compressions de 1960 vont devenir leur propre copie, c'est-à-dire un double qui a une différence notoire par rapport à l'original. Le compactage original était le dernier état solide de pièces métalliques usées et obsolètes (carrosserie et mécanismes), avant leur recyclage par la broyeuse et la fonderie, état détourné à des fins artistiques, l'artiste faisant son atelier d'une ferraille. Il en allait de même pour les compressions d'automobiles de course, les *Championnes* de Peugeot, en 1985. Or, la compression *new-look* est une simple coque de plastique neuve, passant de la presse à formes au compacteur automobile, avant d'être finie en usine, peinte en cabine avec l'une des couleurs du nuancier proposé par la marque Fiat, comme *Agacha 316* ou *Blu Francia 490*. Il ne s'agit donc plus de vieux métaux polychromes réordonnés pour une second vie, littéralement désuète (extraite de l'usage), mais de plastique neuf monochrome peint pour une première vie délibérément artistique. À la matité rayée et granuleuse des rebuts réhabilités s'oppose le lustre lisse d'une laque industrielle. Ce qui faisait art par sa bizarrerie et son risque, par sa remise en question des principes de la sculpture et du goût, devient la copie de lui-même, un faux déchet sans audace. César devient le signe de lui-même, les compressions de 1998 profitant de la célébrité de celles de 1960 pour signifier le prestige d'une marque automobile par le succès de l'auteur. Il ne s'agit plus de retravailler la sculpture, tout au plus s'agit-il de variations sur un thème personnel. Dès lors, d'œuvres créatives les compressions deviennent des objets rutilants, symptômes d'un succès professionnel et industriel. On y a gommé, lustré tout ce qui relevait de la *chute*, aussi bien au sens physique du mot que dans ses significations métaphoriques, pour répandre un effet d'*aura*. En cela la *Suite Milanaise* est bien une série kitsch. La carcasse automobile n'est plus la métaphore des accidents de la vie, mais l'insouciance amusée d'un bibelot chic.

On aura vite fait d'expliquer cet exemple par des raisons psychologiques ou sociologiques. Certains diront que César s'abandonnait à la facilité, ou exploitait sans vergogne un filon garanti quitte à se caricaturer lui-même. D'autres verront dans ce glissement, ou cette glissade, un cas de la très ordinaire « récupération par le système ». Ces motifs sont insuffisants car ils ne voient pas la question de principe qui se joue dans un tel déplacement. Passer de l'œuvre réfractaire à l'objet flatteur est une nouvelle façon de poser la question de la *norme* au moment même où le nihilisme rend caduc tout projet normatif. Contrairement à ce que l'on peut croire à première vue, une normalisation n'est pas mise en danger par une innovation technique ou artistique. En effet, pour un créateur, à moins d'être naïf ou « brut », auquel cas son inculture tient lieu de bonne conscience, inventer se fait en s'écartant de ce qu'il a appris. Que cet écart soit une simple variation ou une transgression importe peu, car pour prendre une distance il doit se mettre en regard de ce qu'il délaisse, et le tenir en respect pour comprendre la valeur de son propre geste. Certes une compression en fer de César n'est pas un bronze de Rodin. Pourtant dans ce froissement à grande échelle il y a encore une part du geste de pétrissage de l'argile ou du plâtre, ou du geste de martelage qui met en valeur le matériau en tant que tel. En revanche quand l'innovation devient une *routine*, un fait établi, alors on oublie la norme qui l'ordonne, et on oublie même de l'interroger. Ainsi la norme n'est pas mise en danger par sa transgression qui, au contraire, la fait apparaître, comme elle fait advenir de manière concomitante une autre règle d'action ou de jugement, mais par sa banalisation. En cela le kitsch, par sa standardisation puis son emphase, participe d'un oubli du processus de normalisation, et par là même fait croire à une évidence là où il y a l'histoire d'un combat.

une mémoire kitsch ?

Loin de se réduire à une simple catégorie esthétique, le kitsch exprime une manière d'exister, ou plus exactement un rapport complexe à l'existence, ce qui lui confère un sens éthique, voire existentiel. Certes nous pourrions l'interpréter comme une forme d'optimisme qui veut voir la vie en rose, et qui, pour cela, force quelque peu sur la couleur. Toutefois ce ne peut être un optimisme dans la mesure où cette doctrine envisage l'optimum comme une résultante positive entre des contraintes opposées, alors que le kitsch est un maximalisme qui n'envisage que la valeur extrême. D'où une ambiance de fête permanente dans laquelle le clinquant doit exciter des forces de joie, censées être le tout de l'existence. Mais, à l'image d'Adonis et de son jardin enchanteur, le kitsch est éphémère et est nécessairement rattrapé par l'horizon indépassable de notre existence : la mort. C'est pourquoi il y a aussi un kitsch du deuil qui recourt à l'embaumement, à la parure d'une belle toilette, à une cérémonie pompeuse pour maquiller notre destinée, en faire un spectacle, et effacer toute trace de décomposition. Après tout, ce kitsch du deuil pourrait ne pas être nocif, et pourrait même être vertueux s'il visait à purger nos passions douloureuses en une sorte de *catharsis*, et s'il ne concernait que des tourments individuels. Mais le kitsch comme vision maximaliste de l'existence peut aller jusqu'à maquiller des tragédies collectives, ou, pour reprendre la formule de Ruth Klüger, jusqu'à dévoyer la mémoire[1] dans une forme de négationnisme *glamour*.

Le XXe siècle a vu apparaître, dans la triste litanie des massacres historiques, un phénomène nouveau : les camps d'extermination. Les *Vernichtungslager* sont une effroyable innovation, non pas tant par l'échelle du génocide – la destruction massive –, car à cette aune Arméniens et Cambodgiens ne sont malheureusement pas en reste, que par leur principe, leur moyen et leur fin. Un *Vernichtungslager* est littéralement un camp d'anéantissement qui va jusqu'à se dénier lui-même comme tel. Par principe les personnes à exterminer étaient présumées coupables, leur existence étant conçue comme substantiellement nocive. Il ne s'agissait donc pas d'exterminer des ennemis, des résistants, mais des sortes d'existants surnu-méraires, entités essentiellement négatives, coupables sans procès. Une sorte de lynchage massif. Les moyens comprirent une industrie de l'extermination, avec un rendement optimisé

---

1. R. Klüger, *Refus de témoigner*, « la mémoire dévoyée : kitsch et camps », trad. par J. Étoré, Paris, Viviane Hamy, 1997, p. 321-334.

à flux tendu. La fin consistait à faire disparaître toute trace de judéité comme toute trace du processus même de disparition. Si l'éradication de la judéité a été un échec, en revanche l'effacement du processus d'extermination rencontra quelques succès. Ruth Klüger ne parle pas d'un négationnisme strict, doctrine qui nie les faits les mieux établis, mais d'une nostalgie kitsch, c'est-à-dire d'une mémoire reconstituée, enjolivée, épurée des affres du passé, propre à laisser filtrer dans le présent un passé décent.

Ruth Klüger fit partie de ces enfants juifs de culture allemande internés dans le ghetto de Therezienstadt, Terezin en langue tchèque[1], avant d'être déportée à Auschwitz-Birkenau. Cette nostalgie kitsch finit par confondre l'Histoire et une histoire : elle transpose un abîme de civilisation en une aventure personnelle, récit susceptible de finir par un *happy end*. Elle transfigure les survivants – pour reprendre le mot de Schoenberg – en héros glorieux, figures d'une espérance radieuse. Pourquoi donc cette kitschification ? Parce qu'« on ne raconte pas cela à table »[2]. Une vieille femme folle dans un fourgon à bestiaux devenu wagon de déportation massive, qui urine sur vos genoux, c'est une scène tellement dérangeante qu'elle en devient indécente, par une sorte de réaction de sauvegarde, et que par là même ce n'est pas le bourreau qui est coupable, mais le rescapé narrateur. C'est pourquoi la première réaction de Ruth Klüger fut le refus de témoigner, pour ne pas donner prise à un arrangement avec le réel.

---

1. La communauté juive tchèque a édité les dessins et poèmes des enfants de Terezin, *Ici je n'ai pas vu de papillon*, dirigé par Anita Frankova et Hana Pvolna, Prague, Musée Juif de Prague, 1993, réédité en 2004.
2. R. Klüger, *Refus de témoigner*, *op. cit.*, p. 127.

Le kitsch est dès lors une forme de pensée qui travaille la mémoire d'une catastrophe en fabriquant une nostalgie *ad hoc*. La nostalgie est ce regret du passé, ou plus exactement du pays de son passé. Elle est constitutive du passage de l'enfance à l'état adulte, mais plus particulièrement encore elle est un principe de la culture juive, conscience de l'exil tournée vers la terre perdue. Une jeune fille viennoise, juive, déportée à douze ans vers les camps de la mort, de l'Autriche à la Tchécoslovaquie, et de là en Pologne, rescapée par hasard, ne peut donc avoir une nostalgie ordinaire. Mais Ruth Klüger observe avec finesse qu'au regard de la *shoah* personne ne peut avoir une nostalgie ordinaire. Comment dire « c'était mieux avant » ou regretter « le cher pays de mon enfance » (comme chantait Trenet en 1943) quand celui-ci a conduit tous mes êtres chers ou mes concitoyens à l'abattoir ? C'est pour cela que les anciens tortionnaires, les survivants ou les prosémites compatissants se créent une commune nostalgie kitsch pour maîtriser leur passé, même si ce sont pour des raisons opposées et selon des contenus de mémoire différents.

En quoi consiste donc cette mémoire kitsch ? Ruth Klüger identifie plusieurs éléments. Tout d'abord, il y a justement cette volonté de rendre présentable un passé insoutenable. Que ce soit pour le bourreau qui masque et maquille ses choix odieux pour fuir sa responsabilité et s'absoudre, ou pour la victime qui filtre sa souffrance afin de reprendre goût à la vie. Cette victime altère ainsi la mémoire d'une enfance gâchée en se bricolant une enfance neuve fabriquée avec du passé remployé. Il s'ensuit pour tous une forme de récit édulcoré. Le texte de l'histoire est caviardé, amputé des mots inconvenants qui pourraient représenter des scènes intolérables. Et l'on justifie même ce langage châtié par l'idée que l'anéantissement industriel est au-delà du langage, et on le qualifie donc d'indicible ou d'inconcevable, ce qui est inacceptable par ceux qui ont vécu au jour le jour la déconcertante banalité d'un abattage. Ruth Klüger dénonce donc ces « termes kitsch » censés faire de la *shoah* un absolu transcendant, et qui ne sont en fait qu'une « fuite sentimentale devant la réalité » par la recherche de l'*aura* du kitsch, soit cette « auréole de l'inexprimable », cette façon apprêtée et affectée d'être emphatique en recherchant des effets extrêmes. Le passé est ainsi emballé esthétiquement, en quelque sorte rendu représentable selon les canons du romantisme, comme si la tempête et l'élan de la *shoah* étaient les derniers soubresauts du *Sturm und Drang*.

Outre cette maîtrise du passé, cette fuite sentimentale, ce bricolage existentiel, cette langue de l'inexprimable, Ruth Klüger va plus loin encore dans l'anatomie d'une kitschification de la mémoire. En effet, ces quatre éléments pourraient relever somme toute d'une simple pudeur devant l'horreur ou d'une psychologie de la honte. Mais elle observe que cette décence affectée ne tient pas à un processus de défense, mais inversement à un plaisir pris à sa propre sensibilité, à une auto-contemplation de son émoi. Le kitsch est empreint de sentimentalisme, c'est-à-dire la contemplation de ses propres sentiments. Il y a une sorte d'hédonisme narcissique qui se plaît et se complaît dans une affectation de la douleur, qui joue à être troublé par l'horreur. Le kitsch tient en l'occurrence dans le fait que la *shoah* devient un spectacle de miséricorde autosatisfait, et non pas altruiste. C'est pour ne pas tomber dans cette mémoire dévoyée qu'elle refusait de témoigner. Car les survivants ont alors cette responsabilité terrible et paradoxale de témoigner de l'incroyable tout en étant crédible. Or comment faire croire à l'incroyable ? D'où l'idée souvent répandue que la fiction dit mieux que les témoins directs la réalité vécue d'un événement. Car ce qui est crédible est moins le vécu des autres que son propre sentiment, et sur ce point les artistes savent faire éprouver les émotions. D'où le spectacle de la désolation qui transfigure le *pathos* le plus grave en simulation compassionnelle. Le kitsch convertit ainsi le deuil authentique en un jeu de séduction avec les désirs secrets du spectateur, que ce soit *La liste de Schindler* de Spielberg ou *Shoah* de Lanzmann. Encore une fois il convient de faire bonne impression.

Ce démontage des artefacts sentimentalistes conduit Ruth Klüger à porter un regard critique sur les objets souvenirs dans les mémoriaux, susceptibles de tomber dans un fétichisme kitsch, en particulier les effets personnels ayant appartenu à des enfants et destinés à impressionner les visiteurs. À son sens, ces objets personnels, comme des chaussures, sont des provocateurs de réaction sentimentale, servant à être regardés dans une esthétisation qui en fait des fétiches, voire des œuvres d'art, mais qui n'apprend rien sur la réalité des enfants disparus. Que penser alors de l'installation de Boltanski, *La Réserve du Musée des enfants*[1]. Relève-t-elle de ce fétichisme sentimental et kitsch? Nous retrouvons certains attributs du kitsch relevés par Moles : accumulation d'objets ordinaires, déclassés, recyclés, aux couleurs vives. Tout est propre et en ordre. Pourtant ici cet amas d'accessoires n'est pas le caprice arbitraire d'un bonheur, mais la tragédie du XXe siècle. Cette installation est un vaste diptyque, déséquilibré. D'un côté nous avons des rayonnages de vêtements d'enfants, de l'autre, une

---

1. Christian Boltanski, *La Réserve du Musée des enfants*, 1989, vêtements et photographies, Paris, Musée d'art moderne.

galerie de portraits d'enfants. Sommes-nous dans un décor de cinéma, qui reproduirait le rayon « enfants » d'un grand magasin de vêtements ? Non : nous sommes dans la fourrière de l'horreur, dans le stock de vêtements prélevés sur les enfants envoyés à la mort. Si le XXe siècle est celui de l'industrie triomphante, il n'est pas le siècle de l'industrie du bonheur comme pourrait le faire croire le kitsch, mais de celle du génocide. De ces enfants, quels qu'ils soient, d'où qu'ils soient, il ne reste aucune mémoire, si ce n'est un mauvais cliché qui les arrache à l'oubli mais pas à l'anonymat. D'où une sorte de métonymie : ces accessoires vestimentaires, qui alimentent la « réserve » anonyme, signifient la personne qu'ils ont réchauffée. Cette réserve, malgré elle, garde ces êtres de chair, ces âmes en réserve. Mais justement, en donnant à ces enfants disparus leur visage d'enfants, souriants, Boltanski ne tombe pas dans un *pathos* explicite. Il procède par ellipse : c'est par le contraste entre des photographies banales de visages insouciants et un amoncellement aberrant que le spectateur devine une tragédie.

Ruth Klüger comprend que dans le fond le kitsch est une modalité de *l'histrionisme*. Mais pour bien comprendre la profondeur de ce qu'elle dit avec lucidité, il faut savoir que le ghetto de Terezin était un camp trompe l'œil présenté par la propagande nazie comme une sorte d'appartement témoin des camps et ghettos en cours, afin de communiquer – comme on dit aujourd'hui – sur l'humanité des résidences d'internement, occultant totalement par des mises en scène cyniques la réalité du massacre programmé, systématiquement et méthodiquement appliqué. De même elle voit une expression de la

« pensée kitsch »[1] dans les noms que les nazis donnèrent aux *Vernichtungslager* : Birkenau ou « la prairie aux bouleaux », Buchenwald ou « la forêt de hêtres », par cette volonté de dissimuler et d'édulcorer une situation pitoyablement insoutenable. L'enfer maquillé en prairie idyllique.

Nous voyons que la critique du kitsch par Ruth Klüger vient finalement appuyer l'argument général de Kundera : le kitsch est un masque posé sur la dimension tragique de l'existence pour l'occulter par de belles apparences. Celles-ci ne sont pas trompeuses, car l'existence a aussi de beaux jours devant elle, mais réductrices. Le kitsch est un *truc* : une machinerie de théâtre pour faire réussir une féerie, ou un processus de refoulement de la souffrance, celle des autres ou la sienne. Finalement il relève moins de l'esthétique, c'est-à-dire d'une analyse des relations entre beauté et vérité et de leurs perceptions, que d'une *cosmétique*, c'est-à-dire d'une pratique de l'embellissement. Il est à la vie quotidienne ce que le *lifting* et le *botox* sont au visage : une manière d'effacer les rides qui ne peut arrêter ni le cours du temps ni l'entropie. Et tôt au tard la loi de la chute des corps reprend ses droits, et le kitsch s'effondre avec l'effondrement du réel.

1. *Ibid.*, p. 131.

Faut-il en rester à cette vision tragique, à ce parcours entropique, à la manière du *De natura rerum* de Lucrèce qui commence par la description des plaisirs de Vénus pour s'achever dans les horreurs de Mars ?

Ruth Klüger nous donne le motif existentiel du kitsch : un besoin de fantasmer si loin de la réalité et d'une manière si satisfaisante pour soi-même. Elle voit donc quelque chose de « pornographique » dans ce kitsch au sens où il est l'auto-contemplation satisfaite d'une obscénité esthétisée. L'obscénité ne se réduit pas au spectacle marchand de la sexualité, même si en ce sens nous comprenons mieux pourquoi l'artiste kitschesque par excellence, Jeff Koons, en est venu au porno-kitsch, mais elle concerne le voyeurisme de l'irrespect.

Mais le kitsch n'est pas le dernier mot de notre modernité. Bien des artistes n'en restent pas à cet art consommable. Comme découvreurs de l'inouï, ils ne se laissent pas réduire à leur propre statut décoratif dans une société de grands flux. Ils réfléchissent cette kitschisation du monde en faisant du kitsch l'objet même de leur dérision au nom de la dignité humaine. Alors que par le kitsch l'art tourne au ridicule, un autre art fait de cette dérision l'expression pathétique de son époque. Il en est ainsi d'un œuvre de Gilbert et George, *Good* [1]. Nous retrouvons apparemment des éléments kitschesques : l'imagerie

---

1. Gilbert et George, *Good*, 1983, 242 x 151 cm, Wolverhampton Arts and Museums.

pieuse de la Croix et des chérubins, une accumulation de fleurs, des couleurs vives. En fait les couleurs dominantes sont le rouge et le noir, couleurs de l'enfer. Les « ailes » de ces Chérubins sont des feuilles de roses et des épines. Ces angelots ne sont pas des enfants nimbés de lumière, mais des adolescents marbrés d'ombres. Leur horizon n'est pas l'empyrée, mais un mur de briques gris et sale qui bouche la vue. Ce qui devrait être une Ascension, selon une symbolique de la joie, est un marquage au sol. En cela Gilbert et George font de leur « photo-message » un engagement : l'art pour tous doit affecter le spectateur en lui parlant de sa condition humaine. Ce peusdo-kitsch ne consiste donc pas à refléter un rêve de bonheur, ni à déplorer une prétendue « ère du vide », ni même à être un *memento mori*, mais à penser autrement : admettre sa part d'ombre, non pas pour voir un monde impeccable de légèreté dans une Rédemption béate, mais pour soutenir notre insoutenable peccabilité et compter avec notre dualité satanique.

À l'instar du bourgeois ou de l'industrie de masse dont il est l'expression, le kitsch endure toutes les formules dépréciatrices : médiocre, trivial, vulgaire, obscène, falsification du beau, monde du sentiment facile, fuite du réel, marché de la culture, etc. Par l'exacerbation des attributs, il semble chuter dans le ridicule. Il produit une syncope axiologique par la décontextualisation d'un objet, de signes pertinents dans un code social qui glissent d'un champ sur un autre. Dès lors pour la très grande majorité des penseurs le kitsch a tout l'air d'une trahison : c'est la culture passée à l'ennemi, c'est-à-dire la consommation de masse, la propagande de la marchandise qui anesthésie tout esprit de révolte. Elle n'a plus que les oripeaux de la culture par son psittacisme, mais a tous les stigmates des productions grand public, grand spectacle, bon marché.

De tels jugements pourraient bien n'être que *la plainte de l'élite*, et ainsi n'être somme toute qu'une désapprobation convenue. Mais son apparition au moment d'une industrialisation, avec toutes ses incidences sur l'organisation sociale et les mœurs, ne semble pas due au hasard. Il apporte une valeur d'ostentation, et en cela procure une respectabilité à des personnes en manque de considération. De même il répond tout autant à une demande de non-sens dans une société où chaque composant devient raisonné, méthodique, mécanique. Il apporte un soupçon de caprice et par là même un sentiment de liberté, ou en tout cas d'indétermination. Dans un monde désenchanté par la puissance herculéenne de l'industrie et le pouvoir prométhéen de la science, il fait l'économie de toute transcendance puisque l'Eden est *matériellement* retrouvé ici-bas, dans le m'as-tu-vu. Ainsi il désigne un monde horizontal, sans verticalité, et, par voie de conséquence, sa platitude morale, qu'on lui reproche, est en fait la métonymie de sa conception d'un espace sans dimension spirituelle. Inversement, il compacte les dimensions du temps en produisant un télescopage de l'ancien, imité, et de l'actuel. Ce n'est pas un temps passé ni un temps retrouvé mais un temps suspendu dans une innovation anachronique. Ce qui est le propre de peuples déracinés, de migrants plaquant leurs lambeaux de mémoire sur l'histoire mal assimilée d'un nouveau monde. Enfin, le kitsch est accessible, il parle aux gens avec des émotions simples, sans intellectualisme, en s'appuyant sur des référents conformistes. C'est sa limite. Mais un tel prosaïsme embelli et subjectivisé est aussi, à sa manière quelque peu niaise, une volonté de rétablir une communication, un plan de référents communs dans une société démembrée qui ne sait plus quelles sont ses conditions de communication générales.

« L'homme est une bulle » disaient les Vanités, s'inspirant de Varron, pour nous rappeler la fragilité de notre existence au regard du divin, un rien guère plus solide qu'une bulle d'eau ou de savon. Le kitsch aussi est une bulle, avec son enflure, son reflet, son aspect ludique, son éclat et son éclatement. Mais sa signification est tout autre. Sa lumière est éphémère, certes, mais sur l'orbe de cette bulle, l'orient qui s'y reflète est le miroir vivant de l'âme et de la société qui l'anime et qu'il exprime. Miroir destructible certainement, fallacieux probablement, mais humain pleinement.

table des matières

Achevé d'imprimer par Corlet, Imprimeur, S.A. - 14110 Condé-sur-Noireau
N° d'Imprimeur : 133675 - Dépôt légal : novembre 2010 - Imprimé en France